わらえる!?

つかえる!!

ことわざびっくり事典《じてん》

監修／金田一秀穂
絵／伊藤ハムスター
文／こざきゆう

はじめに

　ことわざは、「石の上にも三年」、あきらめずに長く続《つづ》けるといいことがある、というような、教訓《きょうくん》のようなことを思い浮《う》かべることが多いですが、この本のもくじには面白いことわざ、というのがあります。

　たとえば、思いもかけずに嬉《うれ》しいことが起きた、ということを言うのに、「棚《たな》からぼたもち」と言います。思いもかけずに嬉《うれ》しいことが起きたというのと、「棚《たな》からぼたもち」というのは同じ事ですが、それでも、「棚《たな》からぼたもち」と言うと、なんとなく楽しくなります。具体的に目に見えるように例《たと》えのように言い表すのが、ことわざのもうひとつの側面《そくめん》です。

　物事を直接《ちょくせつ》言い表さずに、目に見える何かの例《れい》を挙《あ》げることで、気持ちが明るくなったり、気分がすっきりするのです。普通《ふつう》の言葉でいうよりも気持ちが緩《ゆる》やかになったり面白がっ

棚《たな》からぼたもち

たり出来るのです。

困《こま》ったときの気持ちや落ち着かない気持ちをあらわす、ちょっとこわい感じのことわざもあります。たとえば、文字面《もじづら》からしてこわい雰囲気《ふんいき》が漂《ただよ》うことわざが、「地獄《じごく》の一丁目」。これからおそろしいことや、大変《たいへん》なことがはじまろうとしているときにつかわれますが、「一丁目」はまだ入り口。これからもっとおそろしいことが待っているというニュアンスを含《ふく》んでいます。

ことわざには日本人が昔から感じたり考えたりして来て思いついた考え方がつまっているのです。そうして私《わたし》たちはひとつのつながりの中に生きていることを感じられます。

ことわざを色々覚《いろいろおぼ》えておくことで、身の回りのことがもっと楽しく見えてきます。いろいろなことを考えることができるようになります。

たくさん覚《おぼ》えておいてください。自分でも新しく作れるかもしれませんよ。

金田一秀穂《きんだいちひでほ》

地獄《じごく》の一丁目

もくじ

3章　残念《ざんねん》？こわい？ことわざ …… 77

5章　しってる？　ことわざクイズ

0章

そもそもことわざって？

Chapter

0

ことわざに
似《に》たものとして、
慣用句《かんようく》や
故事成語《こじせいご》もあるよ。

ことわざは、昔の人が言い伝《つた》えてきたことば

昔の人は、くらしのなかでいろんな経験《けいけん》をしながら、学びや知恵《ちえ》、大切なことを得《え》てきた。

そうした経験《けいけん》を、気の利《き》いた短い言葉で表し、言い伝《つた》えてきたことばこそ、ことわざだ。

だから、ことわざには、時代をこえて役に立つ、昔の人たちからのいろんな教えがふくまれているよ。

ほら、「亀《かめ》の甲《こう》より年の功《こう》」なんていって、年長者の言うことは聞いとけってことわざもあるくらいだ。

ちなみに「甲《こう》」は亀《かめ》の甲ら、「功《こう》」は経験《けいけん》のことで、「こう」の語呂《ごろ》合わせだ。そんなおもしろ表現《ひょうげん》も多いぞ。

ことわざは4000年以上《いじょう》の歴史《れきし》がある

人《じん》類《るい》最《さい》古《こ》
4000年以上前
シュメール人
日本
1400年以上前
飛鳥時代《あすかじだい》の人

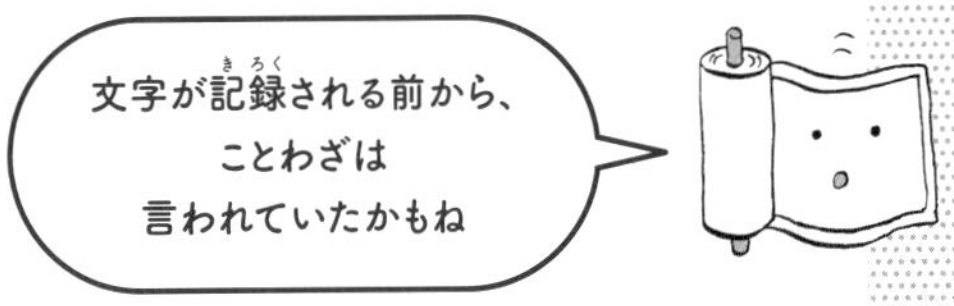

文字が記録《きろく》される前から、
ことわざは
言われていたかもね

こ とわざは昔の人が言い伝《つた》えてきたものだけど、古いものは、どれだけ前からあるのだろう？

人類最古《じんるいさいこ》では4000年以上前。メソポタミア（現在《げんざい》のイラク）にあったシュメール文明の粘土板《ねんどばん》にことわざが記されていた。これは人類最《じんるいさい》古《こ》の文字記録《きろく》とされ、人間はそのころからことわざを言っていたのだ。

日本では、1400年以上《いじょう》前の飛鳥時代《あすかじだい》、「十七条の憲法《けんぽう》」の「和《わ》をもって貴《とうと》しとなす」が最古《さいこ》のことわざとか。

また、日本のことわざは700年ほど前から広まり、江戸時代《えどじだい》に、さかんに作られるようになったんだ。

ことわざは数えきれないほどある！

かべに耳あり
障子《しょうじ》に目あり
猿《さる》も木から
落ちる
かっぱの川流れ
猫《ねこ》に小判《こばん》
ぶたに真珠《しんじゅ》
犬も歩けば
棒《ぼう》に当たる
まったく同じ意味で
ちがうことわざもあるくらい、
いっぱいだ！

ことわざは、全部で何種類《しゅるい》くらいあるのだろう？　そんな疑問《ぎもん》をもたれても、けっこう困《こま》る。

前のページで紹介《しょうかい》したように、日本のことわざの歴史《れきし》は１４００年以上《いじょう》。とんでもなく長い時間だ。その時間のなかでことわざは生まれ続《つづ》けてきた。そう、ことわざは際限《さいげん》がなく増《ふ》えていくものなのだ。

なお、いちおう日本では5〜6万くらいのことわざがあると考えられている。また、ドイツの世界最大《せかいさいだい》のことわざ辞典《じてん》には25万種類《しゅるい》のっているとか。ようするに、数えきれない、「諸説《しょせつ》ある」ってやつだ。

ことわざに似《に》たもの①

慣用句《かんようく》

きつねにつままれる
首を長くする
目を丸くする
腰《こし》をぬかす
慣用句《かんようく》はことわざのなかまで、
物事をおもしろく表現《ひょうげん》したものだよ

注意深く見ることを「鵜《う》の目《め》鷹《たか》の目《め》」と言ったり、待ちわびることを「首を長くする」と言ったり。表現《ひょうげん》がおもしろくて変《か》わっていることばって、あるよね。

これらのように、ふたつ以上《いじょう》のことばをつなげて、かつ、それぞれのことばがもっている意味とはちがう意味を表すことばを「慣用句《かんようく》」というんだ。「首を長くする」も、本当に首を長くするわけじゃないからね。

気の利《き》いた表現《ひょうげん》っぽいから、ことわざと思えちゃうかもしれない。でも、ことわざには生活の知恵《ちえ》や教訓《きょうくん》がふくまれているけど、慣用句《かんようく》にはそれがないんだ。

ことわざに似《に》たもの②
故事成語《こじせいご》

矛盾《むじゅん》
韓非子
故事成語《こじせいご》は、ことわざの一種《いっしゅ》と考えてもいいね

慣《かん》用句《ようく》と同じく、ことわざのなかまとも言えるのが「故事成《こじせい》語《ご》」だ。

これは「故事《こじ》」（昔のできごとや、昔の本に書かれたエピソード）を元に「成《な》る」ことば（語）だよ。由来になったものは、大昔の中国からのものがほとんどだ。

たとえば、つじつまが合わないことを「矛盾《むじゅん》」という。これは「どんな盾《たて》も突《つ》き通す矛《ほこ》」と「どんな矛《ほこ》も防《ふせ》ぐ盾《たて》」を売っていた男が、客から「その矛《ほこ》でその盾《たて》を突《つ》いたらどうなる？」と問われ、答えられなかった『韓非子《かんぴし》』という中国の本に書かれた故事《こじ》が元だよ。

1章　人生の役に立つ！ことわざ

Chapter

1

教訓《きょうくん》やいましめ、
勇気《ゆうき》のでることばが
いっぱい！

案《あん》ずるより産《う》むがやすし

産《う》むの
こわい……
だいじょうぶ
だいじょうぶ

考えてもしょうがない
やってみよう!

「案《あん》ずる」は「心配する」、「やすし」は「かんたん」って意味。じゃあ「産《う》む」は何かっていうと、赤ちゃんを産《う》むこと。つまり、「出産《しゅっさん》前はいろいろ考えて心配になるけど、いざ産《う》んでみるとなんとかなるもんだ」って意味だ。

何かを始める前に、「だいじょうぶかなぁ……」なんて、不安《ふあん》になっちゃうことあるよね。でも、やってみたら、どうってことなかった。まさにそんな意味のことわざだ。

というわけで、「ピアノの発表会、ドキドキだったけど、案《あん》ずるより産《う》むがやすしとはこのこと。うまく弾《ひ》けました」なんて使うよ。

人間万事塞翁《ばんじさいおう》が馬《うま》

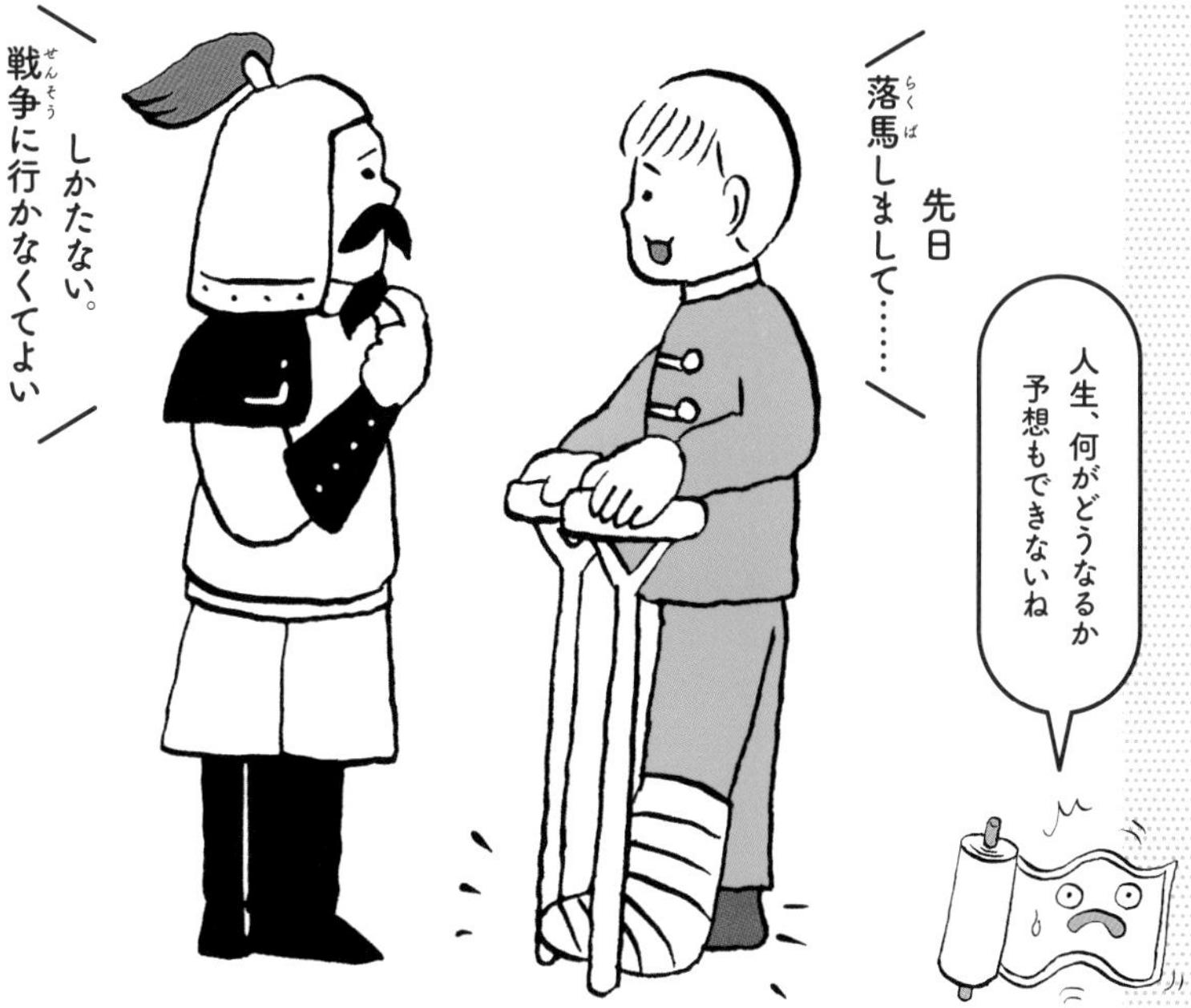
しかたない。
戦争《せんそう》に行かなくてよい
先日
落馬《らくば》しまして……
人生、何がどうなるか
予想もできないね

「人間」は「世の中」、「万事《ばんじ》」は「あらゆること」、「翁《おう》」は「老人《ろうじん》」、「塞《さい》」は「とりで」のこと。

昔、中国の国境の塞の近くに、老人《ろうじん》が住んでいた。ある日、飼《か》っていた馬がにげちゃった。う〜ん不運《ふうん》。

ところが、にげた馬がめちゃいい馬を連《つ》れ帰ってきた。う〜ん幸運！

老人《ろうじん》の子がめちゃいい馬に乗ったら、落馬してけがをした。不運《ふうん》！

でも、そのおかげで戦争《せんそう》に行かずにすんで、命が助かった。幸運！

……というエピソードが元になってできたのが、この故事成語《こじせいご》。

人生の幸せ不幸《ふしあわ》せなんて、どうなるかわからないものって意味だ。

七転《なところ》び八起《やお》き

えんぎ物のだるまをもとにして作られたとされる、起き上がり小法師《こぼし》。転ばせても、体をグリンと起き上がらせ、元の姿勢《しせい》にもどる。福島県会津《ふくしまけんあいづ》地方の張《は》り子細工《こざいく》だ。

この起き上がり小法師《こぼし》の、何度でも起き上がる姿《すがた》は、「七転《ななころ》び八起《やお》き」の心を表しているという。何度も失《しっ》敗《ぱい》しても、決してくじけることなく、がんばるという意味があるんだ。

「おや？　7回転んでそのたびに起き上がるんだから、7起きじゃね？　1起き多くね？」

なんて疑問《ぎもん》に思ったきみ、いいところに気づいたね。じつはこれ、人生は生まれたての赤ちゃんから始ま

似《に》た意味のことば

失敗《しっぱい》は成功《せいこう》のもと

ついに、できた!

禍《わざわい》転じて福となす

まちがってコーラに牛乳《ぎゅうにゅう》入れちゃったの
お、おいしい!何コレ

あきらめない気持ちが成功《せいこう》につながるのだ

ることを意味しているのだとか。つまり、赤ちゃんは寝転《ねころ》がっているけど、自分の力で起き上がるでしょ。人生はそこから始まるのだ、と。

また、七、八は、数じゃなく、回数が多いことを表しているとも。

決して昔の人が数えまちがえの失敗《しっぱい》をしたわけじゃないんだ。

*

ついでに「七転《ななころ》び八起《やお》き」と似《に》た意味のことばを見てみよう。

「失敗《しっぱい》は成功《せいこう》のもと」は、失敗《しっぱい》が今度は成功《せいこう》につながるという意味だ。

また、「禍《わざわ》い転じて福となす」は、悪いことがいいことに結《むす》びつくという意味だよ。

勝負は時の運

今回は、負けちゃったけど
勝負は“時の運”
だからね♡

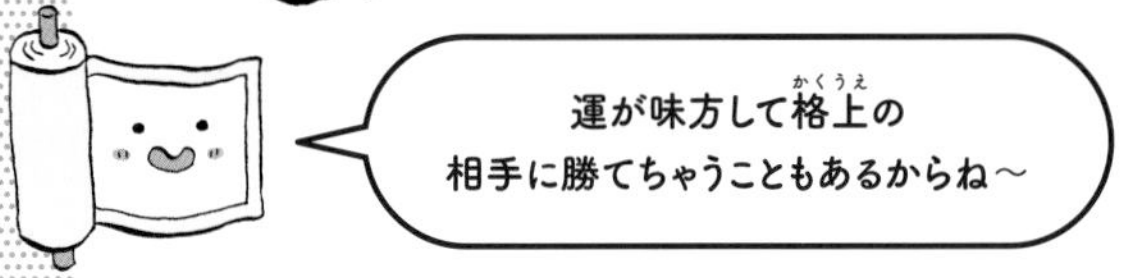
運が味方して格上《かくうえ》の
相手に勝てちゃうこともあるからね～

今から700年ほど前の南北朝《なんぼくちょう》時代《じだい》を舞台《ぶたい》にした『太平記《たいへいき》』という歴史《れきし》物語に出てくる言葉が由来のことわざだ。

「時の運」なんていうことからもわかるように、戦《たたか》いなんていうものは、実力どおりの結果《けっか》になるとはかぎらない。勝つこともあれば、負けることもある。運によるものでしょう！って意味だ。

たとえば、きみの所属《しょぞく》するサッカーチームが、実力では上のチームと試合《しあい》をするとき、「勝負は時の運、強気でいこう！」なんて、気合いを入れたり、試合《しあい》に負けた人をなぐさめたりするのに使おう。

負けるが勝ち

あ〜、まいったー！
ママの負け〜
ぼくのほうがママよりつよいぞ！

あえて負けて波風立てない、大人《おとな》の態度《たいど》

このことわざ、負けているのに、勝ちだなんて、わけわからないよね。でも、それでいいのだ。

きみが、幼《おさな》い子の子守をしているとしよう。戦《たたか》いごっこをするのだ。さぁ、きみはどうする？ 本気を出して勝っちゃう？ そうはせず、あえて負けたりしないかい？

そう、勝ちをゆずったほうが、幼《おさな》い子は満足《まんぞく》、負かせて泣《な》かれることもない。自分にとって、いい結果《けっか》になるでしょ。これこそが、負けるが勝ちだ。

ちなみに、本当に負けたのに、「負けるが勝ちだからね」なんて使ったら、負けおしみすぎてかっこ悪いぞ。

弘《こう》法《ぼう》にも筆のあやまり

「弘《こう》法《ぼう》」とは平安《へいあん》時代《じだい》の僧侶《そうりょ》で、書の名人でもあった「弘法大《こうぼうだい》師《し》・空海《くうかい》」のこと。

空海《くうかい》は、都《みやこ》である平安京《へいあんきょう》の「応天《おうてん》門《もん》」という門にかかげる額《がく》を書いた。ところが、門にかざられた額《がく》を見て、びっくり。なんと、応天門《おうてんもん》の「應（応《おう》の昔の字）」の上にある点を書き忘《わす》れていたのだ。

え？　じゃあ額《がく》の字はまちがえたままにしたのかって？　いやいや、そこはさすがの空海。話には続きがある。額《がく》は高いところに取りつけられていたので、下ろせない。そこで、額《がく》に向けて筆を「えいやっ」と投げ、点を打ったそうだ。わりと思い切り

似《に》た意味のことば

かっぱの川流れ

ああぁぁ

うっかりミスには
気をつけたいね

猿《さる》も木から落ちる

ああぁぁ

がいいのね。

　とまあ、このエピソードから、どんな名人でも失敗《しっぱい》することはあるって意味で、このことわざができた。

＊

　似《に》た意味のことばをみてみよう。まず、泳ぎのじょうずな妖怪《ようかい》のかっぱでも、油断《ゆだん》して川に流されるという「かっぱの川流れ」。それに、木登りじょうずな猿《さる》でも、うっかり木から落ちることがあるという「猿《さる》も木から落ちる」、とかね。

　ほかにも「じょうずの手から水がもれる」とか「千里《せんり》の馬もけつまづく」とか、名人でもミスしちゃう系《けい》のことわざは、めちゃ多いのだ。

袖《そで》ふり合うも多生《たしょう》の縁《えん》

はっ…

今の世で再《ふたた》び会わなくても、
来世《らいせ》で会う縁《えん》かもしれないぞ！

「袖《そで》」は着物の「そで」、「ふり合う」は「ふれ合う」、「多《た》生《しょう》」は「何度も生まれ変《か》わる」ことだ。

知らない人とすれちがいざま、袖《そで》がふれ合うような、ちょっとした出会いがある。それは偶然《ぐうぜん》じゃなくて、生まれ変《か》わる前からのめぐり合わせだったんじゃないのかい？　だからどんな出会いでも、その縁《えん》は大切にしないとね！　って意味だ。

このことばは、「同じクラスになったのも、袖《そで》ふり合うも多生《たしょう》の縁《えん》だから、これからよろしく！」とか「袖《そで》ふり合うも多生《たしょう》の縁《えん》だ、道にまよっている人に行き方を教えてあげた」のように使うよ。

好事魔《こうじま》多し

絶好調《ぜっこうちょう》~♡
人のやることには
良《よ》い悪いの波が
あるものだからねぇ

やることなすことめちゃいい感じな状況《じょうきょう》を「好事《こうじ》」といい、そこに、よからぬことを意味する「魔《ま》」、それが「多し」。

つまり、絶好調《ぜっこうちょう》なときは、何かとじゃまが入りやすいものだ、ということわざだ。

700年ほど前の、中国の戯曲《ぎきょく》『琵琶記《びわき》』に、「好事多磨《こうじたま》」という言葉がのっていて、これが元になった。

勉強やスポーツでいい成績《せいせき》だったりするとき、つい調子にのっちゃったりしない？ そんな浮《う》かれた気持ちのときは、ミスしやすくなる。そこで「好事魔多《こうじまおお》しっていうから、気を引きしめよう」みたいに使うよ。

李《り》下《か》に冠《かんむり》を正さず

どろぼう!?

テスト中、横を見たりすると
カンニングを疑《うたが》われるので注意だ

これは、中国の詩集『君子行《くんしこう》』のことばで、「李《り》」は「すもも」、「冠《かんむり》」は頭にかぶる「被《かぶ》り物」のこと。

そのままの意味は「すももの木の下では、手をあげて（曲がって被《かぶ》った）冠《かんむり》を直してはいけない」となる。

なぜなら、手を頭の上にあげている姿《すがた》が、実っているすももをぬすもうとしているようにも見えるから。

ということで「人から疑《うたが》われるようなことはするな」って意味になる。

このことばと「瓜田《かでん》に履《くつ》を納《い》れず」を合わせていうこともある。瓜《うり》の畑で、くつの履《は》き直しをするなってことばで、やはりこれも、どろぼうと疑《うたが》われちゃうよってこと。

柳《やなぎ》に風

ボキッ!
「柳《やなぎ》に風と受け流す」を
短くしたことばだ

柳《やなぎ》の枝葉《えだは》って、柔《やわ》らかくて、とてもしなやか。

だから、かたい木なら、ボキッと折《お》れちゃうような強風がふいても、グニャグニャ〜っと、折《お》れずになびくよね。

そんなところから、このことばの意味は、相手に逆《さか》らわないで、さらりと受け流してあしらっちゃおう、とか、うまくかわしちゃおうってことだ。

「八つ当たりされて言いたいことはあるけど、柳《やなぎ》に風で受け流しちゃえ」「勉強の大変《たいへん》さも感じさせない、柳《やなぎ》に風の態度《たいど》だ」のような感じで使ってみよう。

＼ひと休みコラム／

世界のことわざ①

ブラジルのことわざ

先に行く者はきれいな水を飲む

水場《みずば》に最初《さいしょ》に着けば、まだ水はすんでいてきれい。でも、後からだと、たくさんの人が水を使うのでにごってしまう。つまり、「人より早く行動すると、そのぶん、得《とく》がある」ってこと。

トルコのことわざ

ぶどうはおたがいを見ながら熟《じゅく》す

同じふさにあるぶどうは、同じように熟《じゅく》していく。人もそんな感じで、近くにいる仲間《なかま》の影響《えいきょう》を受けやすいもの。だからよい仲間《なかま》と付《つ》き合えば、自分もよく学び成長《せいちょう》できるよ。

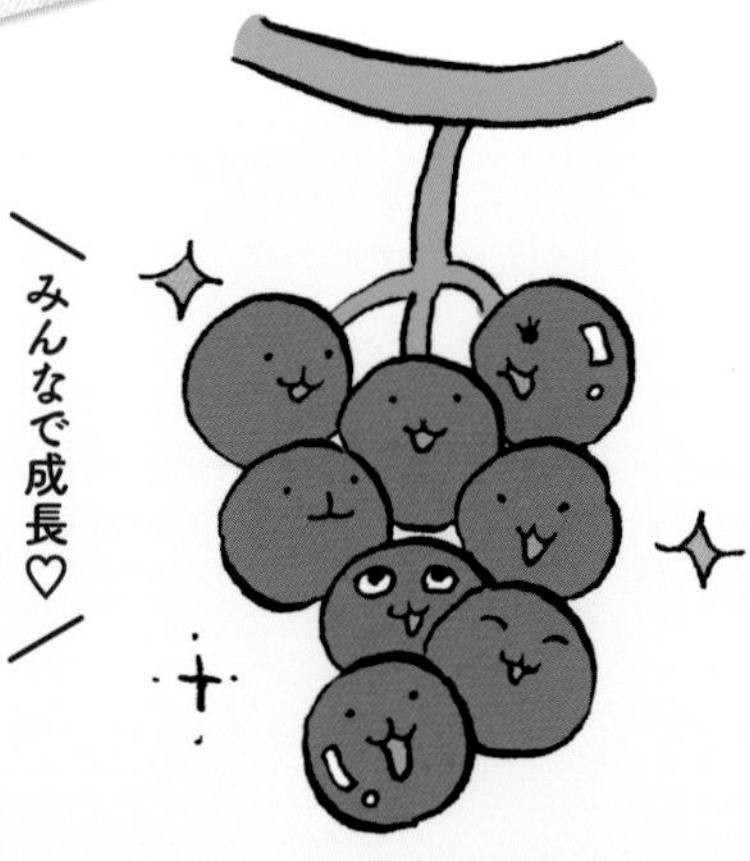

人生の役に立つ
外国のことわざだね

フィンランドのことわざ

楽しい人には草も花、いじけた人には花も草

お花みたいに
美しいわ……

楽しい気分だと、ただの草もきれいな花だと思えたり、逆《ぎゃく》にいじけていれば花がただの草に感じられたり……人は気持ちのあり方ひとつで、同じものがよく見えたり悪く見えたりしがち。

チリのことわざ

悲しむな、笑《わら》いは魂《たましい》の栄養《えいよう》

あっはっはっ
転《ころ》んでも元気!

悲しいことがあったときでも、笑《わら》うことで、弱っていた気持ちに栄養《えいよう》があたえられたように、前向きになる。いつまでもくよくよしてないで、明るくいきましょうってことだ。

隗《かい》より始めよ

いい人材《じんざい》が
ほしいのう
それなら手近な
私《わたく》を優遇《ゆうぐう》してください

「隗《かい》」なんて見たことない漢字だろうけど、これは、2300年ほど前、中国の燕《えん》という国の学者で郭隗《かくかい》って人の名前だ。

燕《えん》の王が、ある日、郭隗《かくかい》に「国にすぐれた人たちを集めたい。どうすりゃいい？」ときいた。そこで郭隗《かくかい》、こう答えた。「それなら手近にいる私《わたし》を大切にしてみてちょ。いかにも〝平凡《へいぼん》オブ平凡《へいぼん》〟な私《わたし》を大切にする国なら、私《わたし》より優秀《ゆうしゅう》な者たちが、もっと大切にされるにちがいない、と集まってくるんじゃね」

「そりゃナイスアイデア」と王は郭《かく》隗《かい》を大切にしたところ、すぐれた人たちが国に集まったというわけ。

似《に》た意味のことば

高きに登るは必《かなら》ず低《ひく》きよりす

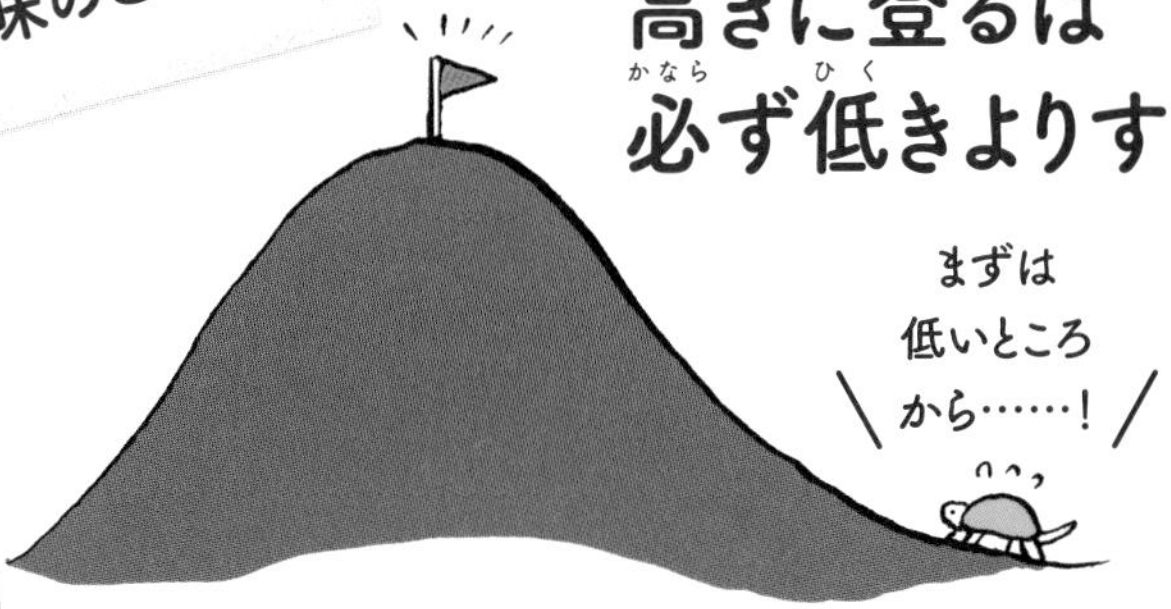
まずは
低いところ
から……！

千里《せんり》の道も一歩から

GOAL
一歩ずつ…！

いきなりデカいことはできないもんね。
小さなところからスタート

というわけで、この故事成語《こじせいご》は「大きな目標《もくひょう》や計画を行うには、まず身近なことから始めよう」とか、「ものごとは言い出した者から始めよう」という意味になったんだ。

だから、「やらなきゃいけないことが多すぎなときは隗《かい》より始めよだ。手近なことをやろう」なんて使うよ。

＊

昔から、大きなことをやろうとするとき、どうしたらいいか悩《なや》む人は多かったんだろうね。そんな悩《なや》める人を導《みちび》くような、似《に》たことばには、「高きに登るは必《かなら》ず低《ひく》きよりす」とか「千里《せんり》の道も一歩から」なんてものがあるよ。

鶏《けい》口《こう》なるも牛《ぎゅう》後《ご》となるなかれ

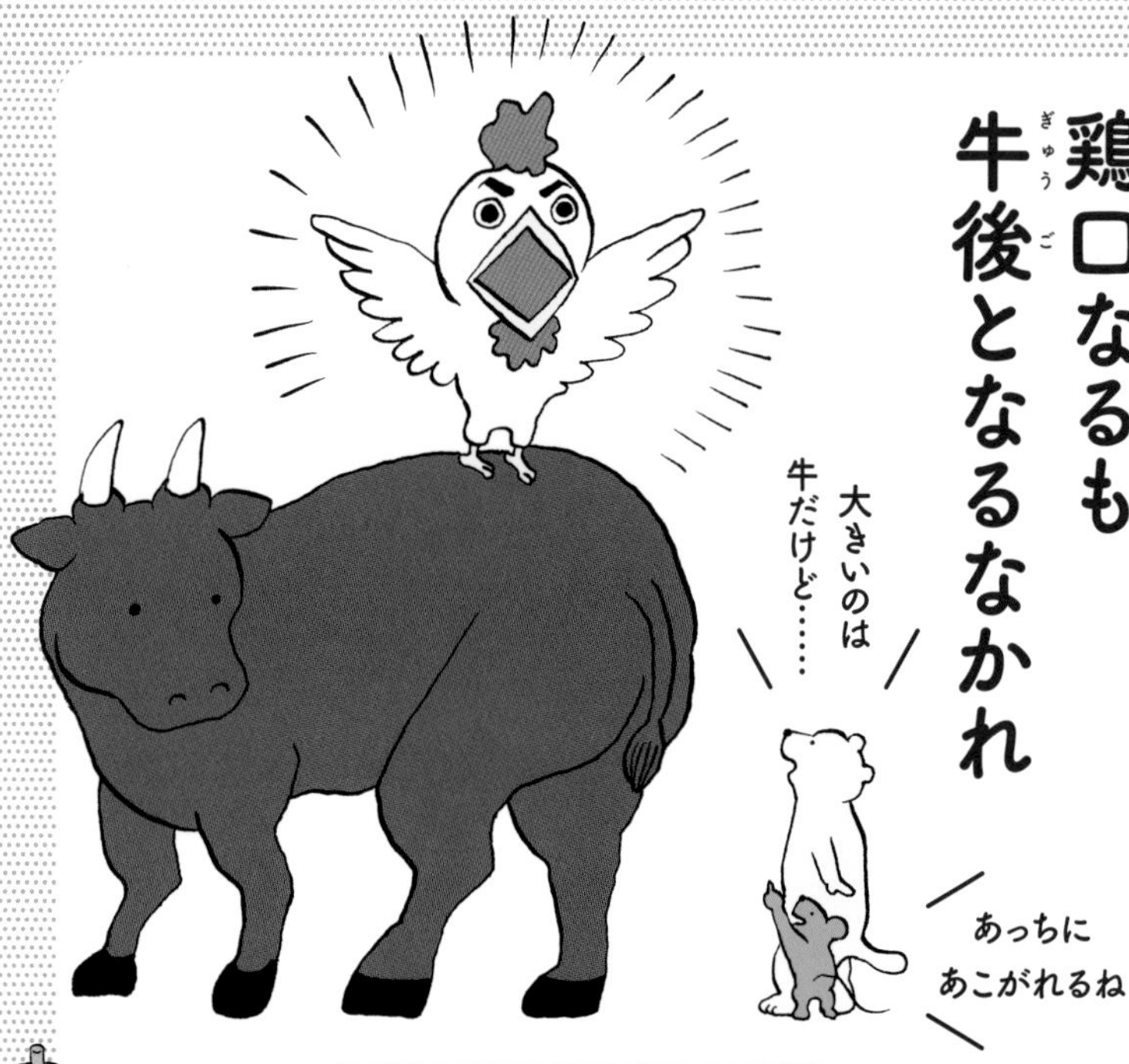
大きいのは
牛だけど……
あっちに
あこがれるね

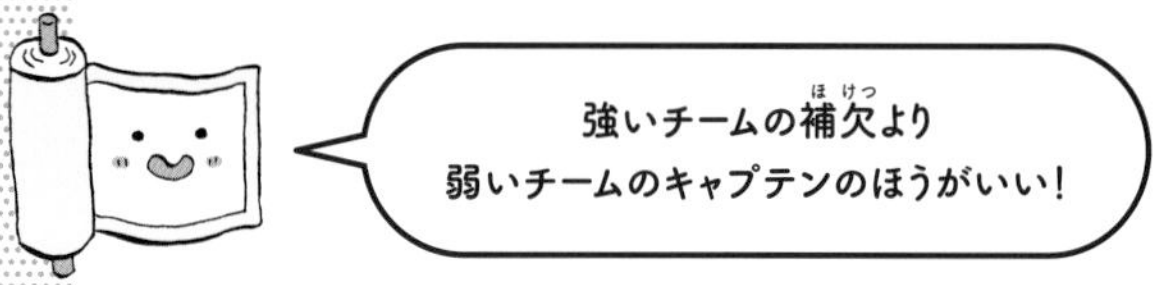
強いチームの補欠《ほけつ》より
弱いチームのキャプテンのほうがいい!

「鶏《けい》口《こう》」は「にわとりのくちばし」、「牛後《ぎゅうご》」は「牛のおしり」のことで、それぞれが「小さな集まりのリーダー」と「大きな集まりに従《したが》っている人」をたとえている。

つまり、大きな集団《しゅうだん》で使われるより、小さな集団《しゅうだん》でもそのトップになろうぜ、という意味の故事成語《こじせいご》だ。

もともとは、2100年ほど前の中国の歴史書《れきししょ》『史記《しき》』にあるエピソードだ。秦《しん》という大きく強力な国と争《あらそ》っていた6つの国のうち、韓《かん》という国の王に、策士《さくし》の蘇秦《そしん》が「秦《しん》にしたがうのではなく、独立国《どくりつこく》としてほかの5国と協力《きょうりょく》して秦《しん》に対抗《たいこう》しようよ」と言ったのが由来。

過《す》ぎたるはなお及《およ》ばざるがごとし

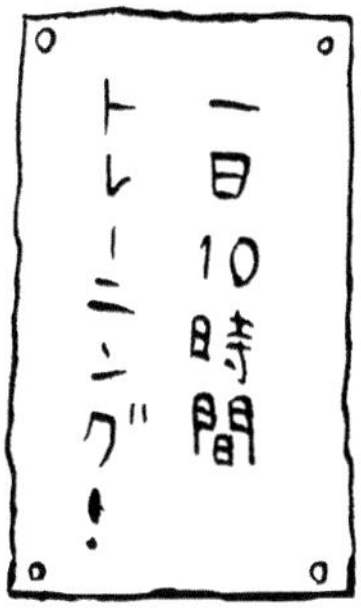
一日10時間トレーニング!

そんなムリするなら
やらないほうが……
なにごとも
ほどほどがいいのかもね

これも故事成語《こじせいご》。2500年ほど前の思想家《しそうか》・孔子《こうし》の考えを書いた『論語《ろんご》』という本に、こんな話がある――あるとき、孔子《こうし》は弟子の子張《しちょう》と子夏《しか》、どっちが優秀《ゆうしゅう》？と聞かれて、「子張《しちょう》はゆき過《す》ぎていて、子夏《しか》はゆき足りない」と答えた。

「それなら子張《しちょう》のほうが優秀《ゆうしゅう》なん？」と再《ふたた》び聞かれると、孔子《こうし》は「過《す》ぎたるはなお及《およ》ばざるがごとし。どちらがすぐれているとはいえない」と答えたのだとか。

つまり、「物事は中立であることが大事」、「やりすぎることは、足りないことと同じくらいよくないよ」ってことなんだ。

うわさをすれば影《かげ》がさす

ワニオってここだけの話、足くさいらしいよ
へー、そうなんだ……

いいうわさ話のときは
なぜか現《あらわ》れないものだ

きみも経験《けいけん》はないだろうか、その場にいない人の話でもり上がっている最中《さいちゅう》、なんとなんと、その話題の中心人物がいきなり現《あらわ》れる、なんてことを!!

「影《かげ》がさす」とは、その話題の人物の人影《ひとかげ》が、ちらりと見えることだ。

たぶんそんなことが、大昔から何度となく起きていたのだろう。そのたび「これは気まずい～」と思った人々《ひとびと》は、こう考えたのだろう、「人のよくないうわさ話や悪口は、ほどほどにするべきじゃないか」と。

そして、自分たちへのいましめの意味をふくめて、このことわざができたのかも。

石橋をたたいてわたる

コンコン
事前によく
確認《かくにん》しておくのは大切だ

石でできた橋は、めっちゃがんじょうで、わたっているとき崩《くず》れるようなこともなく安全。それでも「ほんとかなぁ？」と、わざわざコンコンとたたいて、大丈夫《だいじょうぶ》かどうかを確認《かくにん》してからわたる様子を表したことわざだ。

というわけで、念《ねん》には念《ねん》を入れまくりの、用心しまくり慎重《しんちょう》になりまくりで、ものごとを行うことをあらわしているのだ。

「弟は石橋をたたいてわたる性格《せいかく》だから、ほんと、出たとこ勝負はしないよね～」とか、「ぼくが失敗《しっぱい》しないのは石橋をたたいてわたるタイプだからね」のように使おう。

魚心《うおごころ》あれば水心《みずごころ》

きれいな水をありがとう
そう言ってもらえてこっちも最高《さいこう》♡

ことばのイメージだけで意味を想像《そうぞう》すると、魚と水は切っても切れないものだから、親しい間がらのことと思う人もいるだろう。

たしかに「親しみ」に関係《かんけい》したことばなんだけど、これは、魚が水にすみたいと親しんでくれる心があるなら、水もまた魚にすみやすくしてあげたくなる、みたいなこと。

……ってなわけで、相手が自分に好意《こうい》をもってくれるなら、自分もその思いにこたえよう、とか、自分が相手を好《す》きになれば、相手も自分を気に入ってくれるって意味になる。

おたがいに心が通うということだ。

ただ、そんな意味だったことから、

似《に》た意味のことば

民《たみ》、
ラブ♡
王様
サイコー！

君心《きみこころ》あれば民心《たみこころ》あり

あなたに
流されたい……
君を浮《う》かべて
流れたい

落花流水《らっかりゅうすい》の情《じょう》

好《す》きな人がその気持ちに
こたえてくれるのは
うれしいよね～

本来の意味とはちがうけど、相手にこれだけのことをしてあげたから、同じくらいのことをしてくれよな、とギブ・アンド・テイクな意味で使われることもあるみたいだ。

＊

似《に》た意味のことばには、次のようなものがある。

「君心《きみこころ》あれば民心《たみこころ》あり」……君主《くんしゅ》が民《たみ》を大切にする心があれば、民衆《みんしゅう》も君主《くんしゅ》をしたってくれるもの。

「落花流水《らっかりゅうすい》の情《じょう》」……川に散《ち》って落ちた花は水の流れにしたがう。水の流れもまた、散《ち》った花を運びたい。つまりおたがい気持ちが通じ合っているという意味だ。

和《わ》して同《どう》ぜず

小さき者の会
気持ちはわかるけど
それはちがうと思う！
人の意見に合わせていると、
自分って何なの？ って思っちゃわない？

このことばも、孔子《こうし》の考えをつづった『論語《ろんご》』（33ページ）に書かれているもの。

孔子《こうし》は弟子たちに「君子《くんし》は和《わ》して同《どう》ぜず、小人《しょうじん》は同《どう》じて和《わ》せず」と言った。この意味は、「立派《りっぱ》な人は他人となかよくしても、自分の意見や考えはしっかり守って、むやみに相手に合わせたりしない！ でもつまらない人は、すぐに他人に意見を合わせちゃう。しかも心を開かないよね～」ってこと。

つまり、自分の考えを見失《みうしな》わないで、人とつき合おう、自分の意見ははっきり言えることが大事、みたいなことだね。

虎穴《こけつ》に入《い》らずんば虎子《こじ》を得《え》ず

ハロー
虎子《こじ》を得《え》ようとして
親虎《おやどら》が出てきたらヤバすぎだよね

「虎《こ》穴《けつ》」は「虎《とら》の巣穴《すあな》」、「虎子《こじ》」は「虎《とら》の子《こ》」のこと。そのままの意味だと、「虎《とら》の巣《す》に入らないと、虎《とら》の子《こ》をつかまえられない」。まあ当たり前だよね。ウサギの巣穴《すあな》に入っても虎《とら》の子《こ》はいないんだし……って、そんな話じゃない。

考えてみて。虎《とら》の巣穴《すあな》なんか、入るだけでめちゃめちゃ危険《きけん》でしょ。そんなチャレンジをしなければ、ほしい虎《とら》の子《こ》が手に入らない。大きな成果《せいか》を出すには、危険《きけん》にいどむ勇気《ゆうき》をもてってこと。

だから、「失敗《しっぱい》するかもしれないけど、虎穴《こけつ》に入《い》らずんば虎子《こじ》を得《え》ず。やるしかない！」のように使うよ。

雨《あま》だれ石をうがつ

ぽつ、ぽつ、と雨のしずくが落ちてくる。その1粒《つぶ》1粒《つぶ》のしずくの力なんて、大したことないね。

でも、これが長い年月、ぽつ、ぽつと続《つづ》いたら、やがて石もけずられて、穴《あな》があいちゃう……かもね～。

ということから、「どんなに小さなことでも、根気よく積《つ》み重ねていけば、やがては大きな成功《せいこう》につながる」という意味で使われるよ。

だから、「毎日こつこつとがんばってきたもんね。この勝利《しょうり》は、その努力《どりょく》のたまもの。まさに雨《あま》だれ石をうがつといえるね」とか、「雨《あま》だれ石をうがつの気持ちで続《つづ》けてきたから、今の自分の成功《せいこう》がある」という

似《に》た意味のことば

ちりも積もれば山となる

1年分の消しゴムのかすを集めてつくったんだ
これなあに?

毎日少しでもがんばることが大きな成果《せいか》につながる

あったか〜い!
ずっとすわってたからね

石の上にも三年

ような使い方をする。

ちなみに、このことばは故事成語《こじせいご》で、もともとは1900年以上《いじょう》前に書かれた中国の歴史書《れきししょ》『漢書《かんしょ》』にある言葉に由来するんだ。

＊

そんな小さな努力《どりょく》、大きな結果《けっか》という話は、みんな大好《だいす》き! なのか、ほかにもいろんな表現《ひょうげん》がある。

たとえば、「ちりも積《つ》もれば山となる」。「ちり」は細かいわずかなものの意味。これが積《つ》もり積《つ》もれば、でかい山(大きな成果《せいか》)になる。

また、冷《つめ》たい石にしんぼうして三年間もすわり続《つづ》ければ、温まる「石の上にも三年」なんてのもあるよ。

＼ひと休みコラム／

1章の 反対の意味のことば

p35

スパイに
危険《きけん》は
つきものよ

「石橋をたたいてわたる」の反対で

「危《あぶ》ない橋をわたる」

　橋がこわれていて危険《きけん》と知りながら、あえてわたることから、「危険《きけん》なことや、法律《ほうりつ》をおかしても、物事をヤバさすれすれに行う」という意味だよ。

p39

「虎穴《こけつ》に入《い》らずんば虎子《こじ》を得《え》ず」の反対で

「君子《くんし》危《あや》うきに近よらず」

すごく楽しいよ
ハッピータウン
なんか
あやしいぞ

　君子《くんし》（=すぐれた人）は、用心しているから危険《きけん》には近よらないってこと。つまり、「ヤバいなってわかっている物事には最初《さいしょ》からかかわらず、失敗《しっぱい》しない」という教えだ。

p40

「雨《あま》だれ石をうがつ」の反対で

「焼《や》け石に水」

ジュ

　焼《や》けてあっつあつの石に、水をちょいとかけても、すぐに蒸発《じょうはつ》しちゃって冷《ひ》やせないよね。というわけで、「努力《どりょく》や援助《えんじょ》をちょっとしたくらいでは何の役にも立たない」って意味だ。

2章 どんな意味!? 面白いことわざ

Chapter

2

独特《どくとく》の表現《ひょうげん》のことわざもあるよ。
ことわざって奥深《おくふか》いんだね！

かもがねぎをしょってくる

きみは「かもなべ」というなべ料理《りょうり》を食べたことがある？ 滋賀県《しがけん》の郷土料理《きょうどりょうり》で、かもの肉のほかにねぎや白菜《はくさい》、もちなどをにこんだもの。この材料《ざいりょう》にもなる「かも」が、なんと「ねぎ」をしょってやってくる！ 今夜はかもなべにしようと思っているなら、とんでもなく最《さい》高《こう》なシチュエーションだ！

　ってなわけで、このことわざは、自分にとって、うまいことが重なりまくり、ますます好都合《こうつごう》なことや、願《ねが》ってもなかったラッキーに恵《めぐ》まれちゃうことのたとえだよ。

　だから、「宿題がわからなくてこまっていたら、成績優秀《せいせきゆうしゅう》な友だちが

似《に》た意味のことば

棚《たな》からぼたもち

もっけの幸い

ボタッ
おこづかい
ねぎをしょってきた
かもには
たまらないね

遊びにきてくれた。かもがねぎをしょってきたみたい！」と使う。

＊

このことわざと似《に》たことばには、次のようなものがあるよ。

「棚《たな》からぼたもち」……思わぬ幸運がまいこむこと。「ぼたもち」は、蒸《む》したり炊《た》いてつぶした米をあんこで包《つつ》んだ和菓子《わがし》。これが棚《たな》から落ちてきて、開けていた口に入ってラッキーって昔話が由来だ。

「もっけの幸い」……「もっけ」とは「もののけ」、つまり妖怪《ようかい》のこと。妖怪《ようかい》と出会うことは「意外」という意味になり、意外な幸運、思いがけない幸運を表すようになった。

はとが豆鉄砲《まめでっぽう》を食《く》ったよう

へっ!?
?!
ぼくも「はとまめ」な表情《ひょうじょう》をしがちです

略《りゃく》して「はとまめ」なんて言われることも多い、有名ことわざだ。

「豆鉄砲《まめでっぽう》」は豆を弾丸《だんがん》にして撃《う》つ、竹筒《たけづつ》のおもちゃ。「食《く》ったよう」は食べることではなく、「災《わざわ》いなどを身に受ける」という意味だ。

ことばとしては、豆鉄砲《まめでっぽう》を撃《う》たれたはとが、びっくりして目を丸くしたようすを表している。

そのことから、思いがけないできごとに、あっけにとられている、という意味になるよ。

「ぼくの突然《とつぜん》の告白《こくはく》に、彼女《かのじょ》ははとが豆鉄砲《まめでっぽう》を食《く》ったような表情《ひょうじょう》をうかべていた」というように使う。

かつおぶしを
ねこにあずける

まかせて♡
だれもぼくに
お金をあずけてくれないのは
なぜなんだろう?

このことわざを、文字どおりに想像《そうぞう》してみて。ねこの大好物《だいこうぶつ》のかつおぶしを、ねこにあずけちゃうんでしょ。その後にどんな悲劇《ひげき》が待ち受けているか……。もう、食べられちゃうよ、こんなの。

　というわけで、ことわざの意味は、すこしも油断《ゆだん》できないこととか、あやまちが起こりやすいこととか、とにかくトラブルが発生することは目に見えているぞ、ということ。

　由来は、江戸《えど》時代《じだい》の発明家・平賀《ひらが》源内《げんない》が書いた『根南志具佐《ねなしぐさ》』の「ねこにかつおぶしの番とやらにて、必《ひっ》定《じょう》、しくじりの番なり」ってことば。絶対《ぜったい》しくじるって意味だね。

犬も歩けば棒《ぼう》に当たる

へっへっへ
り、理不尽《りふじん》すぎる！
まあ行動をすればいいことも悪いことも起こるものだからね

たぶん、日本一よく知られたことわざのひとつじゃないかな。犬もじっとしていれば何も起きないのに、歩き回るものだから棒《ぼう》にぶつかったりしちゃう。

そのぶつかる棒《ぼう》を、どうとらえるかによって、ふたつの意味がある。

①よけいなことをしたがために、思いがけない災難《さいなん》にあう。

②行動したからこそ、思いがけない幸せにめぐりあうことがある。

もともと、このことわざができた江戸《えど》時代では、①の意味で使われることが多かった。でも、現代《げんだい》では②のイメージで使われることのほうが多いようだ。

権兵衛《ごんべえ》が種《たね》まきゃ
カラスがほじくる

権兵衛《ごんべえ》の種《たね》
うめ～
カラスが種《たね》をほじくるのは、ずるがしこいからっすな！

このことわざに登場する「権兵衛《ごんべえ》」は、特定《とくてい》の人物じゃない。いってみれば、「種《たね》をまく人」の代表。で、その代表人物が、一生懸命《いっしょうけんめい》、畑に野菜《やさい》の種《たね》をまいた。ところが、まいてるそばから、カラスが種《たね》をほじくって食べちゃう。もう権兵衛《ごんべえ》の行動、ぜんぶムダムダムダ……。

というわけで、これは人が努力《どりょく》したり苦労《くろう》したりしてやったことを、だれかが後からじゃましたり、台無《だいな》しにしてしまうたとえ。

だから「せっかく部屋を片付《かたづ》けたのに、弟がまた散《ち》らかしてしまう。権兵衛《ごんべえ》が種《たね》まきゃカラスがほじくるだよ」というように使うよ。

馬の耳に念仏《ねんぶつ》

なんまんだぶ
なんまんだぶ

人にとってありがた～いお経《きょう》だったとしても、馬にしてみれば聞かされたところで、無意味《むいみ》！何のありがたみもないただの雑音《ざつおん》だ。

　というわけで、このことわざは、いくら注意やアドバイスをしても、それを聞こうとしない人、聞く能力《のうりょく》のない人には、まったくのむだってことを表しているんだ。

　このことばは、もともと中国の詩人・李白《りはく》が詠《よ》んだ「東風《とうふう》の馬耳《ばじ》を射《い》るがごときあり」という詩が由来。「東風《とうふう》」は「東からふく春の風」で、心地よい春風が馬の耳にふいたところで、馬は何も感じない、みたいな意味だ。

似《に》た意味のことば

犬に論語《ろんご》
師《し》、いわく……
猫《ねこ》に小判《こばん》
……
キラーン！
ぶたに真珠《しんじゅ》
キョーミ
ないよ
動物＋価値《かち》のあるもので
きみも似《に》たことばを
つくっちゃおう

ここから「馬耳東風《ばじとうふう》」という故事《こじ》成語《せいご》ができ、日本では「馬の耳に風」となり、「風」が「念仏《ねんぶつ》」に変《か》わっていったようなのだ。

＊

それにしても、話を聞かないとか、無意味《むいみ》なことを表すことばには、面白いものがいっぱいあるよ。

たとえば、「猫《ねこ》に小判《こばん》」（猫《ねこ》に小判《こばん》をあたえてもその価値《かち》がわからない）とか、「犬に論語《ろんご》」（犬に論語《ろんご》の教えを聞かせてもどうにもならない）とか、「ぶたに真珠《しんじゅ》」（ぶたに貴《き》重《ちょう》なものをあたえても何の役にも立たない）とか。ほかにどんなものがあるか、調べてみよう！

いたちの最後《さいご》っ屁《ぺ》

この手だけは
使いたくなかった

いたちは天敵《てんてき》におそわれたりするピンチのとき、身を守るために、おしりのあたりからくさい液《えき》体《たい》を出す。そのにおいで相手をひるませて、すきをついて逃《に》げるんだ。

その習性《しゅうせい》が由来《ゆらい》になっていることわざだよ。だから正確《せいかく》にはくさい液《えき》体《たい》で「屁《へ》」じゃないんだけど、まぁことわざの話だから、細かいことはよしとしよう。

ことばの意味は、追いつめられたときに一か八《ばち》かの最終手段《さいしゅうしゅだん》に出ること。また、最後《さいご》にぶざまな姿《すがた》をさらすこと、という意味で使われることもあるんだ。

使い方は、「サッカーの試合《しあい》で相

似《に》た意味のことば

テスト配ります
ヒ〜あともう一単語……!

最後《さいご》の悪あがき

チュー!
ギャー!

窮鼠《きゅうそ》猫《ねこ》をかむ

追いつめられた緊張感《きんちょうかん》から屁《へ》が出たわけじゃぁないんだ

手チームを追いこみすぎた。いたちの最後《さいご》っ屁《ぺ》じゃないけど、1点入れられてしまった」とか「いたちの最《さい》後《ご》っ屁《ぺ》でいいから、何かいいアイデアはないものか?」という感じで。

＊

似《に》たようなことばには、次のようなものがあるよ。

「窮鼠猫《きゅうそねこ》をかむ」……追いつめられたねずみ（窮鼠《きゅうそ》）が猫《ねこ》にかみついて抵抗《ていこう》するように、弱い者でもあっても死にものぐるいで強い者に反撃《はんげき》すること。

「最後《さいご》の悪あがき」……やっても、もはやむだなのに、じたばたと意味のないことをするという意味。

ひと休みコラム

世界のことわざ②

ドイツのことわざ

私《わたし》にとってはソーセージ

ソーセージは、ドイツを代表する食べ物のひとつだ。だから、ドイツの人にとっては身近でありがたみのないものなことから、「自分自身にはどうでもいい、関心《かんしん》がない」物事を言うよ。

アメリカのことわざ

きしむ音を立てる車輪《しゃりん》は油をさしてもらえる

自転車でも、油が切れていると車輪《しゃりん》がキーキー音を出すよね。だからそこに油をさす。というわけで、「不満《ふまん》などあれば、だまってないで声に出さないと気づいてもらえないよ」って意味だ。

表現《ひょうげん》が面白い
外国のことわざだね

ラトビアのことわざ

小さなあひるを吹《ふ》き出す

「小さなあひる」は、うそやつまらないことを表している。だから、このことばの意味は、「うそをついているな」とか「くだらないことをしゃべっているな」という意味なんだよ。

それでね

フィリピンのことわざ

閉《と》じた口にははえは飛《と》びこまない

　口を閉《と》じていれば、はえが飛《と》びこむことはないよね。しかもうっかり不《ふ》用意《ようい》な発言もしないじゃない？　ってことで、「だまっていれば、思わぬ失《しつ》言《げん》で身をほろぼすこともない」の意味。

花よりだんご

こ のことわざの「花」は「花見の桜《さくら》」のことだ。

春、桜《さくら》の下で行うお花見に出かけたものの、桜《さくら》をながめるより茶店のだんごを食べるほうがいいよね〜ってことば。

このことから、きれいなだけのものよりも、役に立つもののほうがいいよね〜とか、見た目より中身が大事だよね〜って意味になったんだ。

また、物の美しさを理解《りかい》できない人のたとえでも使うよ。

例《れい》をあげると、「飛行機《ひこうき》の窓《まど》から富士山《ふじさん》を見下ろせるなんて、その景《け》色《しき》に感動！　でもパパは機内食《きないしょく》に夢《む》中《ちゅう》で花よりだんごだね」とか「すご

似《に》た意味のことば

色気《いろけ》より食《く》い気《け》

あーん♡

ブランドもの
だって！
私はリュックのほうが
便利《べんり》だな～
ださくてもいいじゃない、
使いやすいんだもん！

名を捨《す》てて実《じつ》を取る

くかわいい服があるのに、動きにくいからって花よりだんごで、いつもジャージを着ている」という感じで。

＊

「花よりだんご」な人は、あちこちにいる！　だから、同じような意味のことばもいろいろあるよ。

たとえば、「色気《いろけ》より食《く》い気《け》」は、恋愛《れんあい》とかおしゃれとかよりも、とにかく食べることが大事ってことば。まぁ生きるためには食が大切だし。

また、「名を捨《す》てて実《じつ》を取る」。「名」は「名誉《めいよ》」とか「見栄《みえ》」とかそういう見た目やうわべのこと。「実《じつ》」は「中身」のことだ。外見よりも、本当の内容《ないよう》や価値《かち》を大切にするという意味。

鬼《おに》の目にも涙《なみだ》

泣ける……
日本一
100万回
生きた
おに

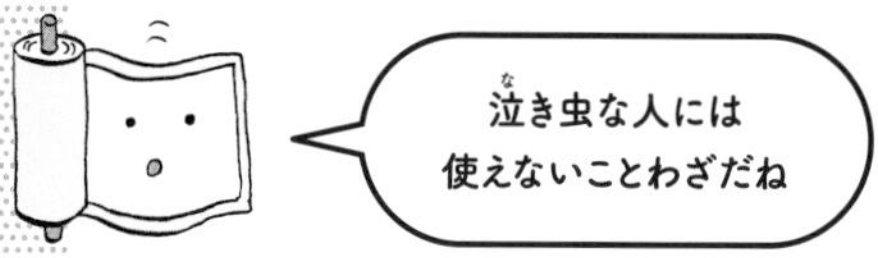
泣《な》き虫な人には
使えないことわざだね

「鬼《おに》」といえば、頭につの、口に牙《きば》を生やした、昔話では悪役でおなじみの怪物《かいぶつ》。

それはもう血も涙《なみだ》もない、ざんこくキャラだ。でも、そんな鬼《おに》でも、時には涙《なみだ》を流すことがあるのだとか。

というわけで、まるで鬼《おに》のように怖《こわ》い人でも、同情《どうじょう》したりあわれんだりして、涙《なみだ》を流すことがあるたとえ。

使い方は、「いつも怖《こわ》い先生も、卒業式《そつぎょうしき》では泣いていた。まさに鬼《おに》の目にも涙《なみだ》だね」というように。

ちなみに心が動いて泣《な》くことなので、「あばれんぼうも、けがの痛《いた》みで泣《な》いた。鬼《おに》の目にも涙《なみだ》だ」という使い方はまちがいだよ。

知らぬが仏《ほとけ》

ドカーン
ワー
世の中平和だな♡
エゴサーチしたときは知らぬが仏《ほとけ》と思ったものだよ

世の中、知らなきゃよかった〜ってこと、けっこうない？

仲良《なかよ》しだと思っていた友だちが、じつは自分のこときらいだったと知ったときとか。じつはきみの部屋にゴキブリがいたとか。

知らないままなら、ぜんぜん気にならないでしょ。

それこそ、仏《ほとけ》のようなおだやかな気持ちでいられるよね。

まぁつまり、そういうたとえのことわざだ。

たとえば、「ママが町内会のくじびきに当たって大よろこび。知らぬが仏《ほとけ》、本当はだれでも当たるくじなんだけど」のように使うよ。

坊主《ぼうず》にくけりゃ袈裟《けさ》までにくい

あいつのぞうりも！
あいつの木魚《もくぎょ》も！
にくい！
きらいな人が身につけている物はたしかにきらいになるかな
なにがあったの……

「坊《ぼう》主《ず》」は「お坊《ぼう》さん」、「袈裟《けさ》」はお坊《ぼう》さんが身にまとう衣装《いしょう》のこと。

お坊《ぼう》さんのことをにくいと思うと、身にまとっているただの衣装《いしょう》である袈裟《けさ》までにくく思われる。

つまり、にくい人に関係《かんけい》するすべてがもうにくいっ！　ってたとえ。

しかし、なんでまたお坊《ぼう》さんをそんなににくむようなことばができたかというと、江戸時代《えどじだい》に、寺で不正《ふせい》な行いが増《ふ》えまくったからだとか。

使い方としては「いやな思いをさせられたお店で、売っているものまでほしくなくなった。まさに坊主《ぼうず》にくけりゃ袈裟《けさ》までにくいだ」のように。

門前《もんぜん》の小僧《こぞう》習わぬ経《きょう》を読む

なんまいだー
なんまいだー
もうおぼえたのかい？

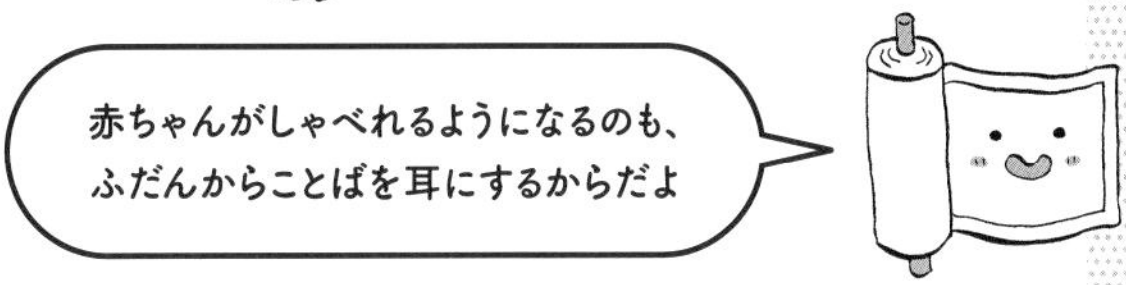
赤ちゃんがしゃべれるようになるのも、ふだんからことばを耳にするからだよ

「門《もん》前《ぜん》」とは、「寺の門のあたり」、「小僧《こぞう》」は「子ども」、「習わぬ」は「習っていない」ってこと。

寺の近くに住む子どもはお経《きょう》が聞こえてくるので、お経《きょう》を習っていなくても自然《しぜん》とお経《きょう》を読めてしまう。ということから、日ごろ見聞きしていることは、いつのまにか自然《しぜん》に覚《おぼ》えてしまうって意味だよ。

人は周《まわ》りの環境《かんきょう》の影響《えいきょう》を知らず知らずのうちに受けている、という意味でもあるね。

「おじいちゃんが落語《らくご》好《ず》きでしょっちゅう聞いているものだから、門前の小僧《こぞう》習わぬ経《きょう》を読むで、ぼくは自《し》然《ぜん》に覚《おぼ》えちゃったよ」と使うよ。

目くそ鼻くそを笑《わら》う

きったねー
きったねー

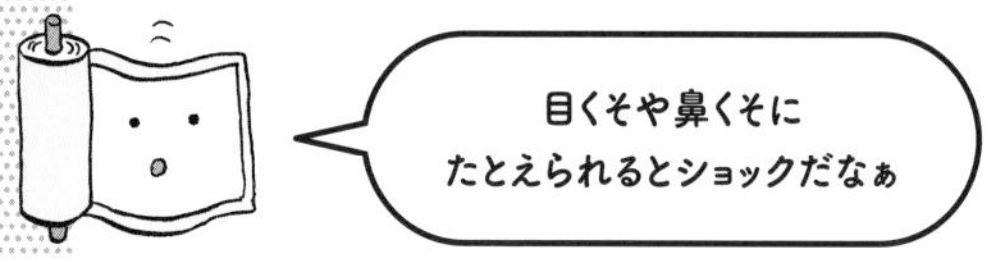

目くそや鼻くそに
たとえられるとショックだなぁ

「目くそ」は「目やに」だ。これが、同じように体から出てくるよごれである「鼻くそ」のことを、きたないと笑《わら》う。

ということで、自分の欠点《けってん》には気づかず、他人の似《に》たような欠点《けってん》を笑《わら》うというたとえだ。

それでわかるように、どっちもどっち、大きなちがいはない、みたいな意味もふくんでいるよ。

使い方としては、「この前のテストの点数、太郎《たろう》くんが30点だったのをからかう二郎《じろう》くんは35点だった。ぼくから見れば、目くそ鼻くそを笑《わら》うだね」のように使ってみよう。

出物《でもの》はれ物《もの》ところかまわず

すきです！
ぷう
ありが……
えっ!?

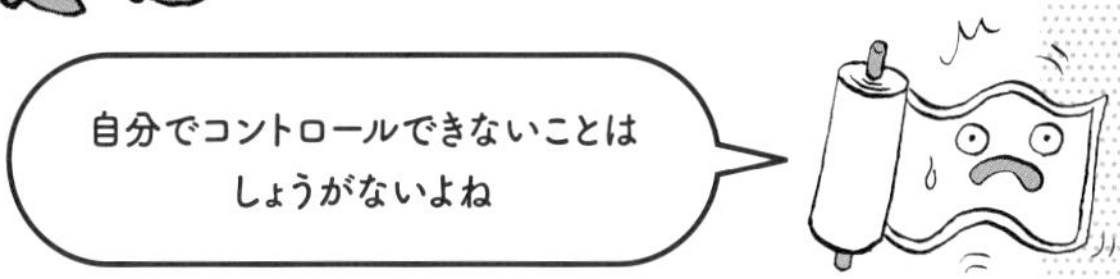
自分でコントロールできないことは
しょうがないよね

「出《で》物《もの》」とは「おなら」のこと。「はれ物《もの》」とは皮ふの「できもの」のこと。「ところかまわず」とは「場所を選《えら》ばず、どんなところでも」という意味。

つまり、おならもできものも、自分の意思とは無関係《むかんけい》に、時や場所を選《えら》ばずに勝手に出てしまうってことだ。おしっこやうんこがしたくなるって意味でも使うよ。

もちろん、「プッ！」っとおならをしてしまった場合も、「いやいや、出物《でもの》はれ物《もの》ところかまわずっていうからさ」なんて、言いわけにも使える。おならしちゃいがちな人は、覚《おぼ》えておくとべんりなことばだぞ。

なくて七《なな》くせ、あって四十八《しじゅうはっ》くせ

さわさわ
くるくる
ガタガタ

くせがない人なんて
いないわけで……

人としゃべるとき、つい頭をぽりぽりかいてしまったり、耳たぶをさわってしまったり。

　くせがないような人であっても、だれしも無意識《むいしき》にしちゃうようなくせはあるもの。そんなことを表したことわざだよ。

　ちなみに、「七くせ」とはいうものの、べつに七つのくせがあるということではなく、数が多いことを表している。「なくて」の「な」の音とリズムを合わせる意味で、「七」になったわけだ。

　同じく四十八《しじゅうはっ》くせの「四十八」も、いっぱいあるよって意味だよ。

二階から目薬

江戸時代《えどじだい》の目薬は
ぬり薬を水でうすめた
ものだったそうだ
イライラ

想《そう》像《ぞう》してみよう。きみが二階から下にいる人に向かって、目薬をさす。さあ、どうなると思う？目薬はちょっとやそっとじゃ、目にさすことはできないよね。

このことわざの意味は、ものごとが回りくどかったり、思うように意思が伝《つた》わらなかったりして、じれったいわ、もどかしいわ、効果《こうか》がないわってことだ。

「ことわざを覚《おぼ》えるために辞書《じしょ》を読んでいるけど、二階から目薬だ」のように使うよ。

ちなみに、「宝《たから》くじが当たるなんて、まさに二階から目薬」なんて〝確率《かくりつ》が低《ひく》い〟って使い方はまちがいだ。

＼ひと休みコラム／

世界のことわざ③

インドネシアのことわざ

どんなに とびはねるのが 上手なりすも 一度くらい落ちる

木の枝を上手に移動《いどう》するリスでも、たまにはあしをすべらせて、落ちてしまうことも。そこから「名人でもたまには失敗《しっぱい》することがある」ってたとえ。日本の「猿《さる》も木から落ちる」と同じだよ。

ギリシャのことわざ

わしははえを とらない

わしははえが飛《と》び回っても、見向きもしない。つまり、「大人物《だいじんぶつ》は小さな利益《りえき》なんか問題にはしない」とか「大物は、小さいことより大きな立場から物事を見る」ってこと。

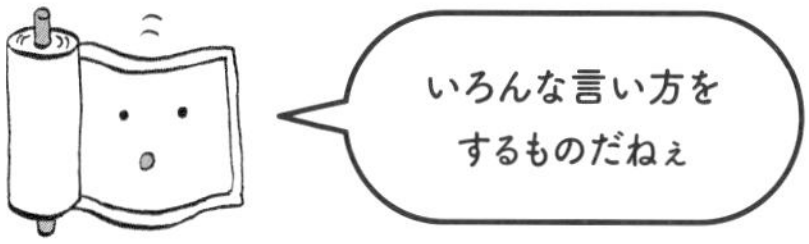
いろんな言い方を
するものだねぇ

イギリスのことわざ

よき法律家《ほうりつか》は悪い隣人《りんじん》である

弁《べん》がたち、正義感《せいぎかん》あふれるすぐれた弁護士《べんごし》などの法律家《ほうりつか》は、生真《きま》面目《じめ》すぎていたりして、ゆうづうがきかないので日常《にちじょう》生活ではきらわれるから気をつけようってことわざ。たしかに近所にいたら付《つ》き合うのが大変《たいへん》かも。

ゴミ出しは8時から！
もう7時59分なのに……

カンボジアのことわざ

卵《たまご》を石にぶつけるな

卵《たまご》をかたい石に投げつけたところで、割《わ》れるのは石じゃなく卵《たまご》のほうだ。この「卵《たまご》」は弱い人、「石」は強い人のたとえで、「勝てない相手と戦《たたか》ってもしょうがないじゃない」って意味になる。

ムダだよ～ん

旅の恥《はじ》はかきすて

「旅の恥《はじ》」は「旅先でのはずかしいこと」、「かきすて」は「失《しっ》敗《ぱい》しても気にもとめない」というような意味だ。

旅先にはどうせ知っている人もいないし、どうせずっとそこでくらすわけでもない。それならいっそ、ふだんならしないようなことも、やっちゃってもいいんじゃない？　ってことば。

また、旅先でやることはその場限《かぎ》りなんだから、細かいことは気にせず楽しんじゃえよって意味もあるよ。

ちなみに、このことわざは、１８０年ほど前の江戸《えど》時代《じだい》に書かれた『箱根草《はこねぐさ》』という旅行記に出てくる

似《に》た意味のことば

後は野となれ山となれ

よくわかんないから
テスト勉強
もうおしまい～

旅行中、大たんになりすぎて
取り返しのつかないことを
しないよう注意
書き捨《す》てます
そうだね

旅の恥《はじ》は弁慶状《べんけいじょう》

とか。今も昔も、旅はウキウキ、アガっちゃう気持ちになるのは変《か》わらないんだね。

＊

さて、そんな「どうせ旅の最中《さいちゅう》なんだから、ひらきなおっちゃえ」的《てき》なことばを、ほかにも見てみよう。

「後は野となれ山となれ」……目の前のことが終わった後は、どうなっても知ったことではないって意味。けっこう無責任《むせきにん》なことばだね。

「旅の恥《はじ》は弁慶状《べんけいじょう》」……源義経《みなもとのよしつね》に仕えた弁慶《べんけい》が、書状《しょじょう》（弁慶状《べんけいじょう》）を〝書き捨《す》てた〟という話にちなみ、「旅の恥《はじ》はかきすて」の「かきすて」を「弁慶状《べんけいじょう》」に引っかけた言い方。

親の意見となすの花は千にひとつの無駄《むだ》もない

赤ずきんちゃん、オオカミには気をつけるのよ！
はーい
本当はなすの花が実を結《むす》ばないこともあるんだぞ

花がさいても実を結《むす》ばない植物もあるなかで、なすの花は実を結《むす》びやすく無駄《むだ》がない。

それと同じように、親からのアドバイスも無駄《むだ》になるものはないよ、ということわざだ。

まぁ、親から「早く寝《ね》ろ」とか「好《す》ききらいなく食べなさい」と言われまくると、こうるさく感じることはあるものだ。

でも、親は子を大切に思うからこそうるさく言ってくれるんだ。きみも後々《のちのち》、わかるときがくるぞ。「親の意見となすの花は千にひとつのむだもない、自分も親になってわかったよ」なんて感じでね。

うそつきは泥棒《どろぼう》の始まり

パンダの模様《もよう》って
水で落ちるんだぜ!
DORO BO
へ〜、そうなんだ!
つまりうそつきのレベルがアップ
すると、泥棒《どろぼう》ってことだ。

どうして「うそつき」が「泥《どろ》棒《ぼう》」の始まりなのか?

それは、気持ちの問題だ。うそつきは、そりゃもう平気でうそをつける人でしょ。そんなふうになっちゃうと、「悪いことしているな〜」ってやましさがなくなってくる。

やがては、なんのためらいもなく、ぬすみだってはたらけるようになってしまう。その先には、さらにひどい犯罪《はんざい》をしてしまうかも!

だから、そうなる前に「うそつきは泥棒《どろぼう》の始まりだから、ぜったい、うそをついちゃダメだぞ」と、いましめるためのことわざなのだ。

ひょうたんから駒《こま》

「ひょうたん」は、ひょうたんの実で作った、水筒《すいとう》のような容《よう》器《き》で、「駒《こま》」は馬のことだ。

でも、容器《ようき》から馬が出るとはこれいかに？　と思えるよね。このことわざは、まさにそのとおり。思いもよらない、ありえないことが起こる、じょうだんが本当になっちゃうようなことを表しているよ。

もともとは中国の伝説《でんせつ》で、張果老《ちょうかろう》という仙人《せんにん》の話が元にあるといわれている。張果老《ちょうかろう》はロバに乗って旅をしていたんだけど、休むときはそのロバをひょうたんの中にしまっていたのだとか。

その話が日本に伝《つた》えられて、絵に

似《に》た意味のことば

うそから出た実《まこと》

するとうしろから
ゆうれいが
あらわれて……

けがの功名《こうみょう》

駒《こま》のように
ひょうたんの中に
入ってみたいものだ
お子さんが
助かって
よかったよ

かかれ、やがて、その絵からことわざとして広まったんだ。だから故事《こじ》成語《せいご》じゃないんだよ。

「中国の伝説《でんせつ》が、日本でことわざになっちゃうなんて、まさにひょうたんから駒《こま》だ」のように使う。

＊

似《に》た意味のことばには、次のようなものがある。

「うそから出た実《まこと》」……初《はじ》めはうそで言ったことだったのに、その後、本当の話になっちゃうこと。

「けがの功名《こうみょう》」……失敗《しっぱい》したことや、なにげなくやったことが、思いもよらなかった成果《せいか》に結《むす》びつくこと。

風がふけば桶屋《おけや》がもうかる

スタート
ひゅ〜
ゴール
べんべん
イエーイ!
思いがけない結果《けっか》に
なることってあるよね

「桶《おけ》屋《や》」は風呂《ふろ》で使う木でできた洗面器《せんめんき》などを作ったり修理《しゅうり》する商売。で、なぜ風がふくとその桶《おけ》屋《や》がもうかるのかというと……。

風がふけば、砂《すな》ぼこりで目の病気がふえる。そのせいで目が見えなくなれば、三味線《しゃみせん》を習う人がふえる。すると、三味線《しゃみせん》がよく売れて、三味線に使うねこの皮がたくさん必要《ひつよう》になり、ねこの数が減《へ》る。ねずみをつかまえるねこが減《へ》るので、ねずみが増《ふ》える。ねずみは桶《おけ》をかじり、桶《おけ》の買いかえがふえ、桶屋《おけや》がもうかる。

つまり、つながりがないようなことでも、意外なところに影響《えいきょう》がおよぶことを意味することわざだよ。

馬鹿《ばか》と煙《けむり》は高いところへ上がる

おれたち
高いところ
だいすき♡
ぼくも高いところ
好《す》きなんだけど……

煙《けむり》はもくもく、上へ上へと向かうよね。また、馬鹿《ばか》な人は、ほめられたらすぐに、自分の能力《のうりょく》とか才能《さいのう》があるとかんちがいして、高い地位《ちい》を目指そうとしてしまう。実力に見合っていないにもかかわらず。

そんなわけで、おろか者はおだてにのりやすい、ってことをたとえていることわざなんだ。

「だんなのこと、絵がうまいってちょっとほめたら、うかれちゃってプロが使う高級な絵の具を買いそろえてきちゃったよ。馬鹿《ばか》と煙《けむり》は高いところへ上がるって、本当だったのね」という形で使うよ。

＼ひと休みコラム／

2章の反対の意味のことば

p44

何も生えない
まだ種《たね》まいてないでしょ

「かもがねぎをしょってくる」の反対で

「まかぬ種《たね》は生えぬ」

農作物も種《たね》をまかなければ、何も生えてこないよね。つまり、努力《どりょく》や準備《じゅんび》なしでいい結果《けっか》を期待したって何にもならない。

p60

「坊主《ぼうず》にくけりゃ袈裟《けさ》までにくい」の反対で

「あばたも笑《え》くぼ」

「あばた」は、病気で残《のこ》ってしまった皮ふのくぼみ。そんな病気のあとも、好《す》きになれば、笑《え》くぼ（笑《わら》ったときにできるほおのくぼみ）に見えてきちゃう。ということで、好《す》きになっちゃえばなんでもかわいく思えるってこと。

上を向いた鼻もカワイイ……

p68

「旅の恥《はじ》はかきすて」の反対で

「立つ鳥あとをにごさず」

水鳥は水面をどろでにごさず飛び立つ。そのようすから、「立ち去るときには自分のいた場所をきれいにしておこう」とか「引退など、引きぎわは美しく決めちゃおう」みたいな意味。

キレイでしょ！

3章 残《ざん》念《ねん》？こわい？ことわざ

Chapter

3

思わずドキリと
させられる
ことわざもいっぱい…！

地《じ》獄《ごく》の一丁目

地《じ》獄《ごく》
地《じ》獄《ごく》の一丁目はまだ入り口だから、引き返せるよ！
ヤバイ……!?

文

字面からも、おそろしげな雰《ふん》囲《い》気《き》が漂《ただよ》うことわざだ。しかも、その意味は、これからめちゃめちゃヤバいことや、つらいこと、困《こん》難《なん》なことが始まろうとしている第一歩、みたいなことを表す。

「一丁目」は、まだ入り口、という意味合い。そのあとさらに、二丁目、三丁目と、おそろしいことが待ち受けていることをにおわせているんだ。

使う場合は、「野球の合宿初日《しょにち》は、まだ地《じ》獄《ごく》の一丁目だ。明日からもっとキツくなるぞ」とか、悪い意味になりがちだけど、「勉強を教えてもらって、地《じ》獄《ごく》の一丁目にならずにすんだ」と、いい意味でも使えるよ。

閑古鳥《かんこどり》が鳴く

もずくラーメン
くらげラーメン
カニラーメン
エビラーメン
ことばの意味を知ってから閑古鳥《かんこどり》の鳴き声を聞くと悲しいな……

「閑《かん》古鳥《こどり》」は、カッコウのこと。人がいないような静《しず》かな山里で「カッコウカッコウ」と鳴く、その鳴き声がそれはもう、もの悲しいやらさみしげやら。

そんなことから、客足が遠のいてガラガラのお店とか、商売がうまくいっていないようすなどを表す。

だから、「かつて流行りの喫茶店《きっさてん》も、今や閑古鳥《かんこどり》が鳴いてるよ」とか「閑《かん》古鳥《こどり》が鳴いていた塾《じゅく》も、先生がテレビに出てから大人気」のように使うよ。

また、「閑古鳥《かんこどり》が鳴くほどやることがない」と、ひまや時間があるという使い方はまちがいだよ。

泣《な》きっ面《つら》にはち

「泣《な》きっ面《つら》」は「泣《な》き顔《がお》」のこと。人が泣《な》いているのは、悲しかったり痛《いた》かったりつらかったり……だいたいよくないときだ（感動して涙《なみだ》を流すこともあるけど）。

そこに、あの昆虫《こんちゅう》の「はち」だ。シチュエーション的《てき》にも悪い予感しかしないね。刺《さ》すでしょ、これ。

というわけで、悪いことが起きているところに、さらにべつの悪いことが起こることをいう。

ようするに不幸《ふこう》のダブルパンチ、トリプルの食らいまくりってことだね。

使うときは「虫歯が痛《いた》いわ、頭も痛《いた》いわ、そのうえ足を骨折《こっせつ》！　まさ

似《に》た意味のことば

転べばくその上

ワーッ!

不幸《ふこう》に不幸《ふこう》のトッピングをどうぞ

こぶの上のはれ物

いたすぎる……

に泣《な》きっ面《つら》にはち」のように。

*

似《に》たことわざもしょうかいしよう。

「転べばくその上」……状況《じょうきょう》を想像《そうぞう》すると、これはたまらないね。転んだら、そこにうんこがあったわけで。「くそっ」と言いたくなるね。

「こぶの上のはれ物」……「こぶ」は、「たんこぶ」だ。「はれ物」は「できもの」のこと。たんこぶができたうえに、さらにはれるわけ。

ほかにも「こけたうえにふまれる」とか「ふんだりけったり」「傷口《きずぐち》に塩《しお》をぬる」など、昔の人は、不幸《ふこう》に不幸《ふこう》が重なるできごとに、いろいろうまいことを言ってきたのがわかる。

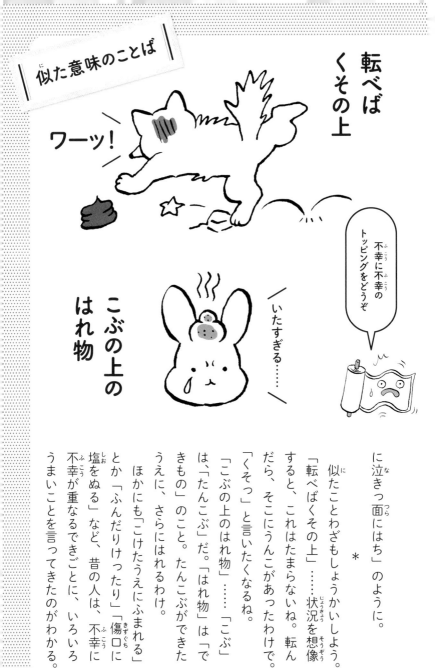

人を呪《のろ》わば穴《あな》二つ

うっ、
頭がいたい
呪
呪
呪
呪
呪
バリヤー！

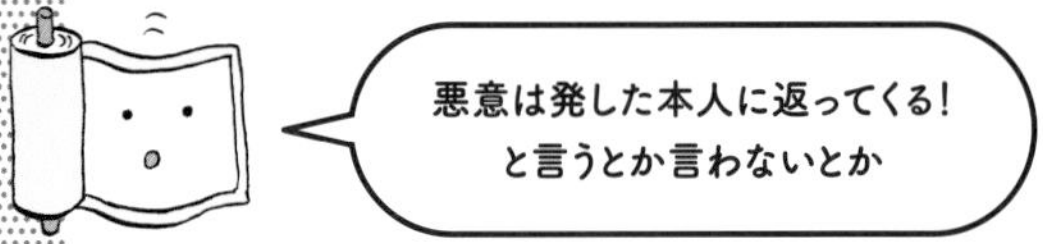
悪意は発した本人に返ってくる！
と言うとか言わないとか

「人を呪《のろ》う」！ これだけでも怖《こわ》いことばだけど、じつはそのあとの「穴《あな》二つ」も超怖《ちょうこわ》い。

何の穴《あな》が二つあるのか？ といえば、墓穴《ぼけつ》だ。ひとつは、呪《のろ》って殺《ころ》す相手のもの。もうひとつは、呪《のろ》った人のもの。そう、人を呪《のろ》ったら、自分にも返ってくると、そういうことなんだ。

だから、ことわざには「人をおとしいれたりしようとすれば、やがて自分も同じような目にあうぞ」という教訓《きょうくん》がこめられているよ。

使い方は「人を呪《のろ》わば穴《あな》二つだから、人の悪口は言わないにこしたことない」などなど。

天につばする

ピチョッ
悪事を行ったら自分に返ってくる。
最近《さいきん》はブーメランとも言うよね。

さて問題。空に向かってつばをペッとはいた。どうなる？

正解《せいかい》は、自分の顔に落ちてくる。

このつばを、悪いことに置《お》きかえてみると、ことわざの意味になるよ。

つまり、人に害《がい》をあたえようとすれば、自分自身がよけいひどい目に合うってこと。

もともとは、仏教《ぶっきょう》の経典《きょうてん》『四十二《しじゅうに》章経《しょうきょう》』に「悪人が賢者《けんじゃ》に害《がい》をあたえようとすることは、天につばをはくのと同じ。つばは天まで届《とど》かずに、自分の身を汚《よご》す」からできたことば。

自分より上の立場の人への無礼《ぶれい》な行いの意味で使う人もいるけど、それはまちがいだよ。

金の切れ目が縁《えん》の切れ目

もうお金ない……
じゃっ
バイバイ
初《はじ》めからお金がないから、それが原因《げんいん》で切れる縁《えん》もない

人と人とのつき合いには、友情《ゆうじょう》や愛情《あいじょう》だけではなく、お金で結《むす》びついている関係《かんけい》も多くあるものだ。

きみにはそういうお金が縁《えん》でつながった人はいないかもしれないけど、大人の世界ではよくあること。

たとえば、いつもおごってくれるからつき合っているだけ、とかね。

だから、お金がなくなって、おごってくれなくなったら、そこで関係《かんけい》は終了《しゅうりょう》～ってことも。

う～ん、シビアでドライ。

こういう「お金がなくなったときが、人間関係《かんけい》の切れるとき」を表現《ひょうげん》したのが、このことわざなんだ。

覆水盆《ふくすいぼん》に返らず

ザバッ!!

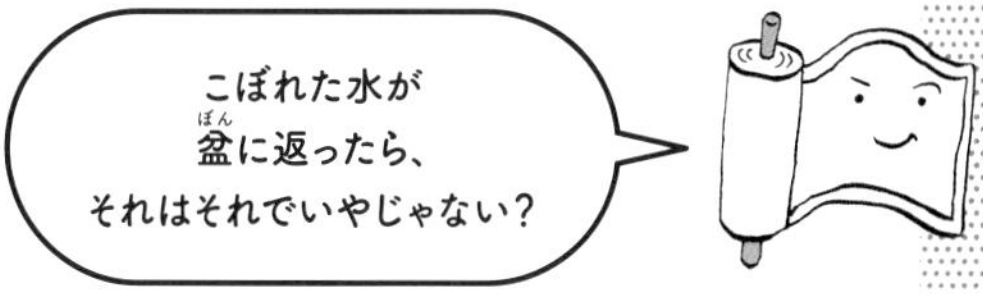
こぼれた水が
盆《ぼん》に返ったら、
それはそれでいやじゃない？

容器（盆《ぼん》）からこぼれた水（覆《ふく》水《すい》）は、元にはもどらない。

そのことから、「別《わか》れた夫婦《ふうふ》の仲《なか》は元にもどらない」と「一度した失《しっ》敗《ぱい》は取り返しがつかない」という意味がある故事成語《こじせいご》だ。

意味がふたつなのは、中国の本『拾遺記《しゅういき》』の、次の話が由来だから。

太公望《たいこうぼう》という人は読書ばかりして働《はたら》かず、妻《つま》はあきれて離婚《りこん》した。後に太公望《たいこうぼう》がめちゃ大出世すると、別《わか》れた妻《つま》が「やり直したいの」と言ってきた。すると、太公望《たいこうぼう》は盆《ぼん》の水をこぼし、「この水を元にもどせたらいいよ」と返した。つまり太公望《たいこうぼう》は「やり直せない」と暗に断ったのだ。

船頭《せんどう》多くして船山《ふねやま》に上《のぼ》る

「船頭」は「船長」のこと。一艘《いっそう》の船に何人も船長がいたら、進行方向もまとまらず、本来、川や海を進むのが当たり前の船が山へ上《のぼ》っちゃう、というようす。

そのことわざの意味は、船長がたくさんいると、怪奇現象《かいきげんしょう》が起きますよねってこと……ではなくて、指示《しじ》する人が多いと、意見がひとつにまとまらなかったり、ものごとがとんでもない方へ進んだりしてしまうということだよ。

たとえば、「学芸会《がくげいかい》の出し物を決めるのに、みんなが意見を主張《しゅちょう》するから決まらない。船頭多くして船山に上《のぼ》るだ」とか、「ぼくの班《はん》は、船

似《に》た意味のことば

家を道ばたに作れば三年ならず

下手《へた》の大連《おおづ》れ

頭多くして船山に上《のぼ》ることがないよう、班長《はんちょう》をひとりに決めました」などのように使うよ。

＊

このような、意見を言う人が多くてバラバラでまとまらないことを表すことばには、こんなものもある。

「家を道ばたに作れば三年ならず」は、家を建《た》てるとき、たくさんの人が行き交うようなところだと、その人たちに口出しされまくって三年は家が建《た》たないという意味。

「下手の大連《おおづ》れ」は、人数が多すぎて、そのせいでものごとがうまくいかないこと。もしくは、無能《むのう》な人が集まっても役に立たないことだ。

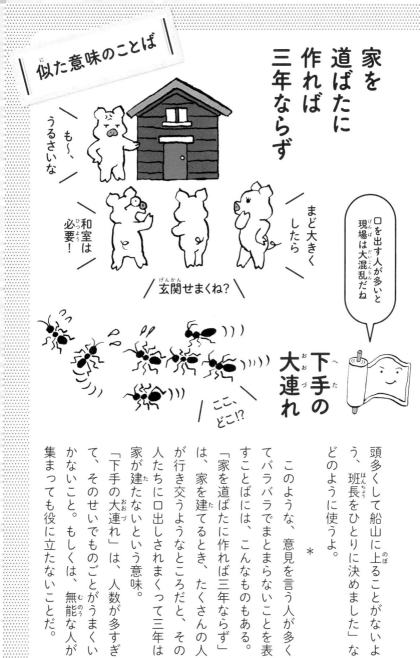

刀折《お》れ矢つきる

刀と矢がなくなったら槍《やり》で戦《たたか》いましょう。
え、そんな話じゃない？

刀が折《お》れたり矢がなくなってしまえば、もう戦《たたか》いを続《つづ》けられないよね。

というわけで、ものごとを続《つづ》けていく手段《しゅだん》がなくなってしまうという意味の、故事成語《こじせいご》だ。

その由来は、中国の『後漢書《ごかんじょ》』という歴史書《れきししょ》にある。1900年ほど前、後漢《ごかん》のある将軍《しょうぐん》とその軍《ぐん》に、異《い》民族《みんぞく》が攻撃《こうげき》をしかけてきた。激《はげ》しい戦《たたか》いは長引き、ついに刀が折《お》れ、とうとう矢まで底《そこ》をついて、ボロボロになった、という話からきているよ。

例文《れいぶん》としては、「夏休みの宿題、刀折《お》れ矢つきる前に終わらせよう」と前向きなことばとしても使えるよ。

正直者が馬鹿《ばか》を見る

正直な人が、馬鹿《ばか》な人を
じっと見るという
ことわざじゃないよ
割《わ》ったのは
だれだ？
ハイ！
ぼくです
だまってれば
バレないのに…

ずるがしこい人は、ずるく立ち回って何かと得《とく》をする。

一方、正直な人はルールをきちんと（それこそ正直に）守るので、そのせいでかえって損《そん》することも多い。

つまり、正しいことをしている人がばかばかしい目にあってしまう、そんな、世の中の不公平《ふこうへい》なところを表していることばだね。

使うときは、「友だちは赤信号《しんごう》をわたってちこくしなかった。ぼくは信号《しんごう》を守ったからちこくした。正直者が馬鹿《ばか》を見るということか」とか、「正直者が馬鹿《ばか》を見る世の中はまちがっている！　正さなくてはならない」という感じで。

ひと休みコラム

世界のことわざ④

中国のことわざ

いたちがにわとりに新年のあいさつをする

いたちはにわとりを食べちゃう。そんないたちが、にわとりにあいさつするのは、いかにも怪《あや》しいよね。つまり、「他人に下心があって近づき、利用《りよう》しようとする行い」を意味するよ。

へへ、あけおめです

イタリアのことわざ

ナポリを見てから死ね

見ずして死ねず

イタリアの港町ナポリを見ないで死んだら、生きていたかいがない！　それほど景観《けいかん》がめちゃめちゃいいよ……っていう、ナポリじまんしちゃってることわざだ。

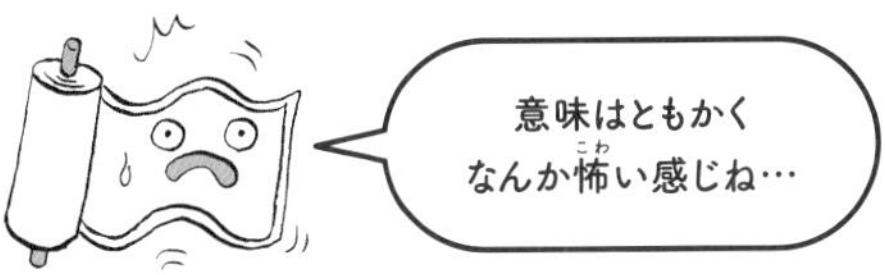
意味はともかく
なんか怖《こわ》い感じね…

インドのことわざ

死んだ獅子《しし》より生きたねこ

獅子《しし》（ライオン）はとても立派《りっぱ》だけど、死んでしまっているなら、生きているねこのほうが大切。だから「何事も、命があればこそだよ」って意味のことわざだ。

生きててエライ♡

南アフリカのことわざ

わしの……

死装束《しにしょうぞく》にポケットはない

「死装束《しにしょうぞく》」は亡《な》くなった人が身につける服のこと。これに「ポケットはない」のだから、持ち物を入れられないよね。というわけで、お金や宝《たから》は死んだら持っていくことはできないってこと。

とんびに油あげをさらわれる

いっただき～
ああっ
べつにこれ、油あげはとんびの好物《こうぶつ》ってわけでもないんだよ

とんび（とび）という鳥は、空をゆったり飛《と》ぶ姿《すがた》をよく見かけられる。ところが！　じつは、たかの仲間《なかま》だけあって、いざ獲物《えもの》を見つけると、すごい速さで接近《せっきん》、一瞬《いっしゅん》にしてさらっていくんだ。

そんなようすから生まれたのが、このことわざだ。「油あげ」は、大事なものを表している。

だから、ことばの意味としては、自分の大事なものや、これから入手できると思っていたものを、いきなり横からさらわれること。

また、いきなり取られちゃったものだから、あ然《ぜん》ぼう然《ぜん》としちゃったようすを表すことも。

百日の説法《せっぽう》屁《へ》ひとつ

ぷぅ
えっ!?
真剣《しんけん》な場面における
おならの
破壊《はかい》力はすごいよね

「説《せっ》法《ぽう》」とは、「仏教《ぶっきょう》の教えを聞かせること」だ。そしてここから、ちょっと想像《そうぞう》してみてほしい。

お坊《ぼう》さんが、百日間にもわたりがんばって、人々《ひとびと》にありがた〜い説法《せっぽう》をしていた。その最後《さいご》の最後《さいご》に、「プ〜!」とおならをしてしまった!!

その瞬間《しゅんかん》、聞いてる側《がわ》は、ありがたさが一気に吹《ふ》っ飛《と》ばないか?

つまりこのことわざは、長い間の苦労《くろう》が、ちょっとしたことでぶちこわしになってしまうことのたとえだ。「この一年間、勉強をがんばってきたのに、いざ試験《しけん》の日に熱《ねつ》を出して受けられないなんて。百日の説法《せっぽう》屁《へ》ひとつじゃないか」と使う。

仏《ほとけ》頼《たの》んで地獄《じごく》へ落ちる

あっ
ごめんね
エェー
まあ頼《たの》んで地獄《じごく》に落ちるくらいだから、日ごろの行いが悪いんだな
地獄《じごく》

このことわざ、強烈《きょうれつ》に怖《こわ》くない？　だって、仏様《ほとけさま》にお願《ねが》いごとをしていたのに、その結果《けっか》、地獄《じごく》に落ちちゃうっていうんだから。

というわけで、ことわざの意味としては、頼《たの》みにしていたのに当てが外れ、期待していたのと逆《ぎゃく》の結果《けっか》になっちゃうこと。

ほかにも、不本意《ふほんい》な結果《けっか》になることや、いい結果《けっか》になるように努力《どりょく》をしていたはずが、むしろ悪い結果《けっか》になっちゃうことなどを表すよ。

「足の速い友だちを、駅伝《えきでん》大会の助っ人に頼《たの》んだのに、彼《かれ》のせいで優勝《ゆうしょう》を逃《のが》した。仏頼《ほとけたの》んで地獄《じごく》へ落ちるだ」というように使うよ。

仏《ほとけ》の顔も三度

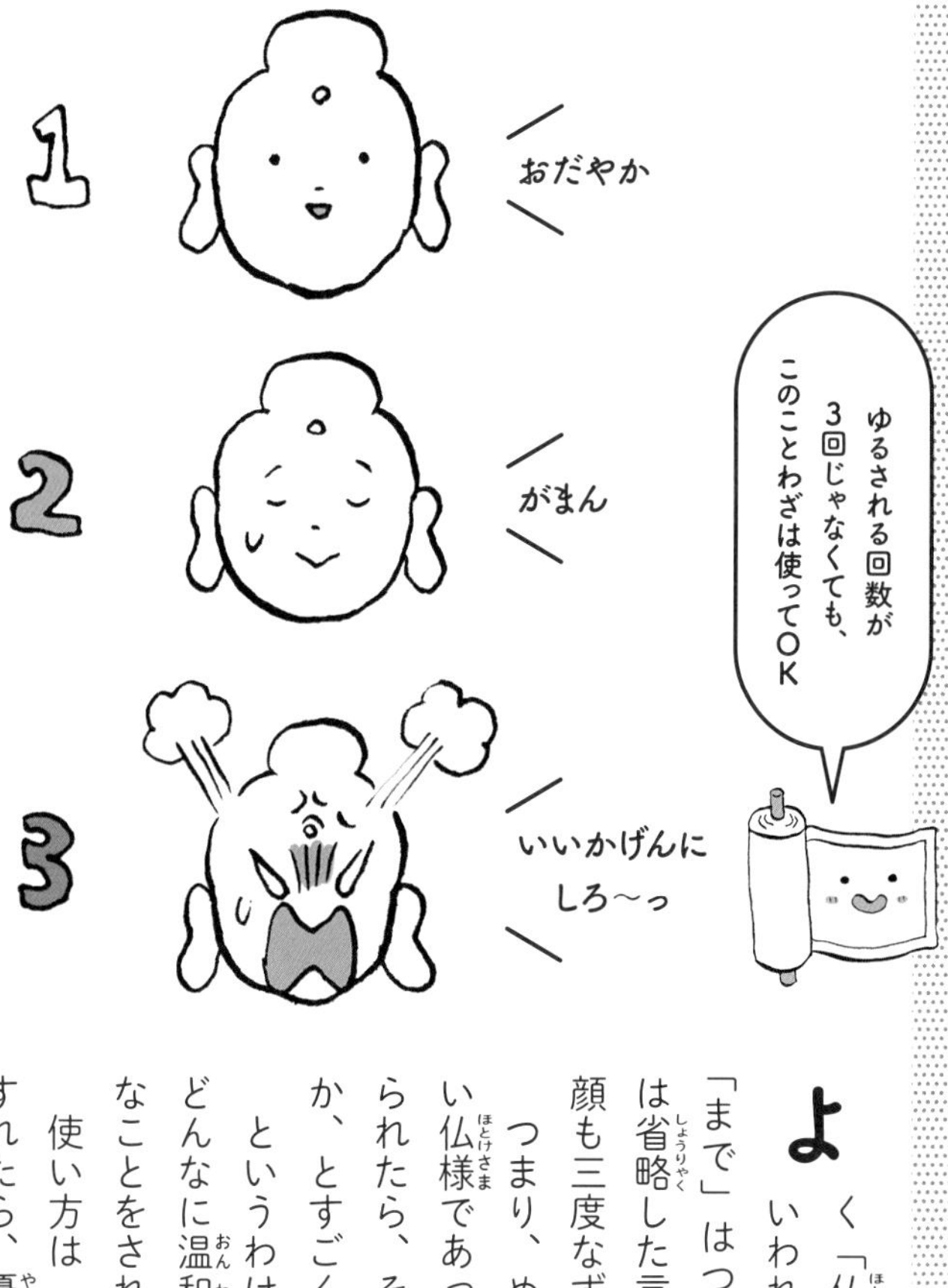
1
おだやか
2
がまん
3
いいかげんに
しろ〜っ
ゆるされる回数が
3回じゃなくても、
このことわざは使ってOK

よく「仏《ほとけ》の顔も三度まで」っていわれがちだけど、正しくは「まで」はつかない。さらに、これは省略《しょうりゃく》した言い方で、本当は「仏《ほとけ》の顔も三度なずれば腹立《はらた》つ」だ。

つまり、めったなことでは怒《おこ》らない仏様《ほとけさま》であっても、顔を3回もなでられたら、そりゃきみ失礼《しつれい》じゃないか、とすごく怒《おこ》っちゃうってこと。

というわけで、ことばの意味は、どんなに温和《おんわ》な人でも、何度も無礼《ぶれい》なことをされれば怒《おこ》るということ。

使い方は「宿題を1週間連続《れんぞく》でわすれたら、優《やさ》しい先生もさすがに怒《おこ》ったね。仏《ほとけ》の顔も三度ってわけだ」のように。

寝《ね》た子を起こす

「赤ちゃんがなかなか寝《ね》ついてくれなくてもう大変《たいへん》」なんてことはよくある話。

そして、苦労《くろう》のすえ、やっと寝《ね》かしつけたと思ったら、わざわざ起こす人がいたりして。赤ちゃんギャン泣《な》き、こっちも泣《な》きたいわ〜！

そのように、せっかく落ち着いたものごとに、よけいなことをして、再《ふたた》びやっかいな問題を引き起こすことを表したことわざだよ。

また、いやなことをわざわざ思い出させたりすることにも使うね。

例《れい》としては、「オンラインゲームをがまんしてやめたのに、さそわないでよ。寝《ね》た子を起こすように、ま

似《に》た意味のことば

よし！
大洪水《だいこうずい》おこそう！
あいつに
力の使い方
教えたの!?
ごめーん

知恵《ちえ》ない神に知恵《ちえ》つける

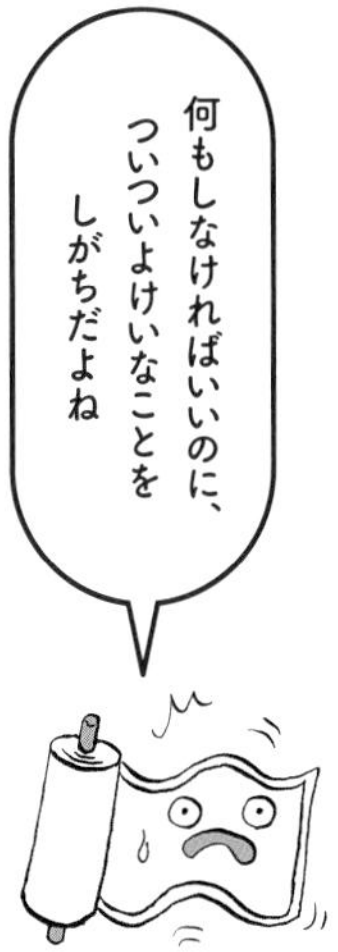
何もしなければいいのに、
ついついよけいなことを
しがちだよね

やぶをつついて蛇《へび》を出す

呼《よ》んだ？
ひゃー！

たやりたくなっちゃう」とか、「寝《ね》た子を起こす事実を伝《つた》えたら、また夫婦《ふうふ》げんかが始まっちゃうだろうな」のように使うよ。

＊

そんな、よけいなことをする人は、昔から後をたたなかったのだろう、似《に》たようなことばはいっぱい！

「知恵《ちえ》ない神に知恵《ちえ》つける」は、人によけいな入れ知恵《ぢえ》をして、ものごとをめんどうにすること。

また、「やぶをつついて蛇《へび》を出す」は、やぶ（草むら）でおとなしくしていた蛇《へび》にちょっかいを出してかまれることから、よけいなことをして、災難《さいなん》がふりかかることだ。

わが身をつねって人の痛《いた》さを知れ

ごめん、
甘《あま》がみのつもり
だったけどいたいね

自分がやられていやなことは、
人にもやっちゃダメなんだぞ

何かを失敗《しっぱい》した友だちのことを、笑《わら》っちゃったりからかったり。悪気がなくても、ついやっちゃいがちじゃない？

でも、そのとき友だちはどんな気持ちになるだろう。相手の立場で想《そう》像《ぞう》すると、悲しかったりはずかしかったりすることはわかる。すごく悪いことをしたなって思えるよね。

このことわざは、まさにそういうこと。他人の痛《いた》みや苦しみを、自分自身の痛《いた》みに置《お》きかえ、相手を思いやろうって教えがあるんだ。

そこで「もう人のことをからかわないぞ。わが身をつねって人の痛《いた》さを知れだ」のように使うよ。

逃《に》がした魚は大きい

初《はじ》めから
手に入らないなら、
あきらめがつくってものだ
こーんな
大きかったの！
またまた〜

釣《つ》り逃《に》がしてしまった魚は、たとえ小さかったとしても、あとから「おしかった、あれは大きかったんじゃないか」と思えるもの。

　そんな気持ちから生まれたことばだ。こういうことって、釣《つ》りをする人じゃなくてもわかるんじゃない？

　たとえば、手に入れる機会《きかい》はあったのに、結局《けっきょく》ゲットできなくて、あとから、じっさいよりすばらしいものだったんじゃないかと感じたり。

　だから、こんなふうに使おう。

「買うか迷《まよ》っているうちに売り切れた50個《こ》限定《げんてい》販売《はんばい》のお菓子《かし》。すごくおいしかったんじゃないかな。く〜、逃《に》がした魚は大きい！」

飼《か》い犬に手をかまれる

きみは犬や猫《ねこ》をペットとして飼《か》っているとしよう。めちゃめちゃかわいがっている。

ところが！　突然《とつぜん》、きみの手にかみついたり、ひっかいたりされたら、ショックじゃない？　それまさに、このことわざのこと。

ふだんから世話したり信用《しんよう》している人に、裏切《うらぎ》られたり、ひどい目に合わされたりするという意味なんだ。

あまり使いたいことばじゃないけど、「ママにないしょで買ったおやつ。弟にも分けてあげたのに、ママにつげ口するなんて。飼《か》い犬に手をかまれるとはこのことだ」のように使う。

注意としては、このことばは、自

似《に》た意味のことば

獅子身中《しししんちゅう》の虫

後足《あとあし》で砂《すな》をかける

なんかおなかいたい
うわっ！
信《しん》じていた人に裏切《うらぎ》られるとか、おそろしすぎる

分より年下とか、立場が下の人にしか使えない。だから、親や先生、先ぱいなどのことは、「飼《か》い犬」にたとえちゃダメなんだ。

＊

同じような意味をもつことばには、「獅子身中《しししんちゅう》の虫」なんてものがある。「獅子《しし》」はライオン、「身中《しんちゅう》の虫」は「体の中で悪さする寄生虫《きせいちゅう》」のこと。

つまり、身内なのに災《わざわ》いをもたらす者、裏切《うらぎ》り者のことをいう。

また、「後足で砂《すな》をかける」というものも。馬や犬は走り去るとき後足で砂《すな》をけちらす。そこから、恩人《おんじん》のもとを立ち去るとき、めいわくをかける人のことをいう。

きじも鳴かずば撃《う》たれまい

「鳴かずば」は「鳴かなければ」、「撃《う》たれまい」は「撃《う》たれないだろう」ということ。

鳥のきじは、とても甲高《かんだか》い声で鳴くんだ。そのひと鳴きさえなければ、猟師《りょうし》に居場所《いばしょ》が見つかり、銃《じゅう》で撃《う》たれることもないのに……。

そんなわけで、言わなくてよいことを言ってしまったために、自ら災《わざわ》いをまねいてしまうとか、不用意《ふようい》なひとことを言ったがために、悪い結《けっ》果《か》になってしまう、という意味で使われることわざ。

「友だちがゲームをしすぎるから親がゲーム機《き》をかくしたって話を母にしたら、私《わたし》の家でもゲーム機《き》をかく

似《に》た意味のことば

口は禍《わざわい》の門《かど》

キミって出っ歯だよね
あっ

かえるは口からのまれる

ゲコ
ん!?

しゃべらなければ考えは伝《つた》わらず、しゃべれば災難《さいなん》を招《まね》くとは

されちゃった。きじも鳴かずば撃《う》たれまいだったよ〜」と使おう。

＊

よけいなひとことで「あちゃ〜」みたいなことわざをほかにも見よう。「口は禍《わざわい》の門《かど》」……「門《かど》」は「禍《わざわい》（災難《さいなん》）」の入り口ということで、よけいなことをしゃべると、災難《さいなん》が起こりやすいよって意味。

「かえるは口からのまれる」……かえるはだまっていればいいのに、鳴くものだから、天敵《てんてき》のへびに見つかって食われる。つまらないひとことで身を滅《ほろ》ぼすって意味。へびがかえるを口から飲みこむってことではないよ。

ひと休みコラム

3章の 反対の意味のことば

p86

「船頭《せんどう》多くして船山《ふねやま》に上《のぼ》る」の反対で

「三人寄《よ》れば文殊《もんじゅ》の知恵《ちえ》」

「文殊《もんじゅ》」とは文殊菩薩《もんじゅぼさつ》のことで、仏教《ぶっきょう》では知恵《ちえ》のシンボルだ。で、平凡《へいぼん》な人でも、三人集まって知恵《ちえ》を出し合えば、文殊菩薩《もんじゅぼさつ》のようなよい考えがひらめいちゃうかも、みたいなことわざ。

p89

「正直者が馬鹿《ばか》を見る」の反対で

「神は正直の頭に宿る」

日ごろまじめに働《はたら》き、正直な行いをする人には、必《かなら》ず神や仏《ほとけ》が味方になって、守ってくれる。そのおかげで物事は順調《じゅんちょう》に進むという意味のことわざ。

p100

「飼《か》い犬に手をかまれる」の反対で

「犬は三日飼《か》えば三年恩《おん》を忘《わす》れぬ」

犬でさえ三日も飼《か》えば、飼《か》い主になついて恩《おん》をずっと忘《わす》れない。ましてや人間は、一度受けた恩《おん》をず〜っと忘《わす》れちゃダメだよ、というまじめのことわざだ。

4章 まちがいやすいことわざ

Chapter

4

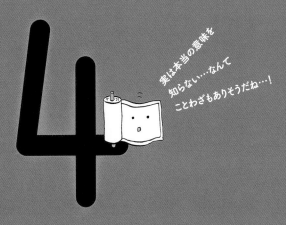

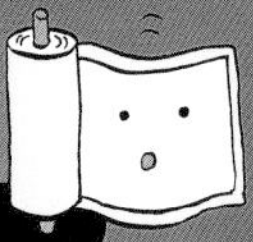
実は本当の意味を
知らない…なんて
ことわざもありそうだね…!

情《なさ》けは人のためならず

ありがとうございます
どうぞ

まちがって覚《おぼ》えがちな代表的《だいひょうてき》なことわざ！

「情《なさ》け」は「思いやり」のこと。問題は「人のためならず」のところだ。なんとなく「人のためにならない」と思っちゃうよね。

だから、思いやりは、あまやかすことになるから、その人のためにならない、って意味と思われがち。

じつは、このことわざには「めぐりめぐっておのがため」とか、「必《かなら》ず身にも報《むく》うなり」という続《つづ》きがあるのだ。

つまり、人を思いやっての行動は、やがてめぐりめぐって、よいこととなって自分にもどってくる、ということ。人には親切にしようよってことばなのだ。

流れにさおさす

その調子で
チャンピオンに
挑戦《ちょうせん》だっ

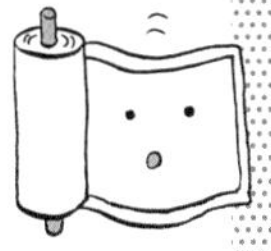
「さおさす」なんて
ふだん使わないことばだからね～

このことわざもまた、本来の意味と逆《ぎゃく》に覚《おぼ》えられがち。「さお」は船頭《せんどう》が、船を動かすときに使う、長い棒《ぼう》。これを流れのある川にさす、というと、なんとなく、船の進む勢《いきお》いがなくなるように思えるのかな。

だから、じゃまをする、流れに逆《さか》らうって意味にとらえられているようだ。

本来は、船頭《せんどう》がさおを使って船を流れにのせて、勢《いきお》いよく川を下ること。だから意味は、ものごとが思いどおりに進むこととか、ものごとをさらに勢《いきお》いづかせることだ。

かわいい子には旅をさせよ

いってらっしゃい！
いってきます
自分で旅のスケジュールを
組むだけでもいい経験《けいけん》になるよ！

親にとって、かわいくない子どもなんていないもの。だから、楽しい旅にどんどんつれていってあげようじゃないか！　そんな、わが子をあまやかせて旅につれていくのがいいって意味は、大まちがいだ。

本当は逆《ぎゃく》。子どもがかわいいと思うなら、あまやかさず、旅のような苦労《くろう》をさせたほうがいいってこと。

なぜなら、自分で旅をすることで、世の中のきびしさを知り、しっかりした人に成長《せいちょう》できるから。

このことわざができたのは、今から400年以上《いじょう》前。当時の旅は歩くか馬に乗ってで、野宿など苦労《くろう》も多い、大変《たいへん》なものだったんだ。

住めば都《みやこ》

慣れると
ラクよ
そこが家!?

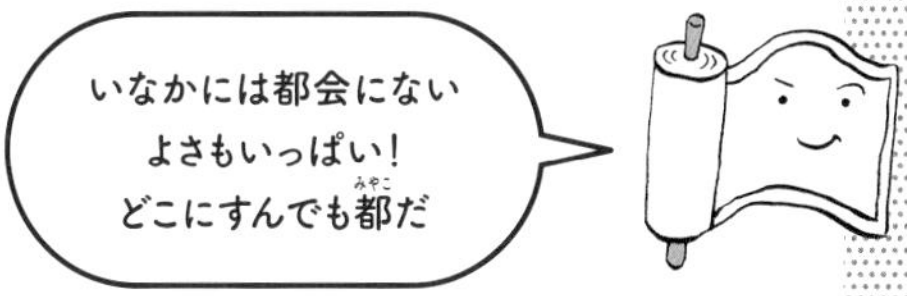
いなかには都会にない
よさもいっぱい!
どこにすんでも都《みやこ》だ

「都《みやこ》」は、政治《せいじ》や経済《けいざい》、文化の中心地のこと。今の日本でいえば、東京だけじゃなく、大阪《おおさか》、名古屋《なごや》などの大都市をふくむ、要《よう》するに便利《べんり》な場所と考えてもいいだろう。

で、このことわざの意味は、すむならそんな大都会が一番だよね、なんて思われることもあるけど、そうじゃない。

たとえ、コンビニまで歩いて30分とか、めちゃ不便《ふべん》ないなかだったとしても、そこで長くくらしていたらそれが当たり前になるものだ。

つまり、住み慣《な》れると、そこが自分にとっては一番いいところになるって意味だよ。

浮《う》き足立《だ》つ

ソワソワ

暗い意味の
ことばなんだよ

「浮《う》き足」なんて字を見ると、なんだか足が地面についていなくて、ふわふわと浮《う》いているイメージが脳内再生《のうないさいせい》されちゃわない？

そんなわけで、この慣用句《かんようく》の意味は、なんだか楽しくてウキウキしている気持ち！「もうすぐ誕生日《たんじょうび》で浮《う》き足立っちゃう」とか使いそう。

いや、しかし、そうは使わない！

本来の「浮《う》き足」じたいの意味は、かかとを地面につけず、ソワソワしながら歩くようすのこと。

だから、恐《おそ》れや不安《ふあん》を感じて気持ちが落ち着かないことをいうのだ。

「きびしい先生が担任《たんにん》になって、浮《う》き足立つ」のように使うよ。

気が置《お》けない

もう一軒《けん》
行こう！
気が置《お》けない友人、
ぼくにはいないことは
ないしょだよ

「あいつは気が置《お》けないからなぁ」、なんて友だちが言った「あいつ」ってどんなやつ？

それはもう、気心《きごころ》も知れていて、えんりょもせず自然《しぜん》につき合えるようなやつのことだ。

ところが、ある調査結果《ちょうさけっか》によれば、「気が置《お》けない」の意味を、気を使ったり、えんりょしたりしないといけない、だと思っている人のほうが多いという。

そもそも、「気が置《お》ける」ということばが、気づかい、えんりょが必要《ひつよう》という意味で、それに「ない」という否定《ひてい》する語がつくと考えれば、わかるよね。

役《やく》不《ぶ》足《そく》

そんな
かんたんなこと?
あのりんご
取れる?

ぼくには生徒会長《せいとかいちょう》すら
役不足《やくぶそく》だね!　ふふ。

きみは学校で「生徒会副会長《せいとかいふくかいちょう》は役不足《やくぶそく》かもしれないけど、やってほしい」なんていわれたとしよう。さて、その人は次のどっちの意味で、この慣用句《かんようく》を使ったと思う?

①きみには生徒会副会長《せいとかいふくかいちょう》はかんたんすぎるけどお願《ねが》いしたい。

②きみには生徒会副会長《せいとかいふくかいちょう》は難《むずか》しすぎるけどお願《ねが》いしたい。

正解《せいかい》は①。役不足《やくぶそく》は、その人の能《のう》力《りょく》に対し、あたえられた役目があっていない、軽い、という意味なんだ。

でも、②のように「能力《のうりょく》に対して役目が重い」と逆《ぎゃく》の意味だと思っている人も多い。この場合は「力《ちから》不《ぶ》足《そく》」を使うのが正しいよ。

破天荒《はてんこう》

ついに
古代の文字を
解読《かいどく》したぞ!

破天荒《はてんこう》と呼《よ》ばれたけど、
正しい意味で
いわれたかかどうか……

「破《は》天荒《てんこう》」というと、暴《あば》れんぼうや、常識外《じょうしきはず》れとか、そんなハチャメチャなイメージはないかな?

でも、意味はぜんぜんちがう。ことばの元になった故事《こじ》をみてみよう。

1200年ほど前の中国で、役人になる難《むずか》しい試験《しけん》があった。この試《し》験《けん》に合格者《ごうかくしゃ》が出ていない土地は、耕《たがや》されていない荒《あ》れ地《ち》の意味で「天《てん》荒《こう》」とよばれ、ばかにされていた。

ところが、そんな土地から、やっと合格者《ごうかくしゃ》が出た。大快挙《だいかいきょ》! 人々《ひとびと》は「ついに天荒《てんこう》が破《やぶ》られた」と大よろこび! そこで、今までだれもやれなかったすごいことをやる、という意味のことばになったんだ。

檄《げき》を飛《と》ばす

これからは
なまける時代です！
ナマケ党《とう》
ナマケ党

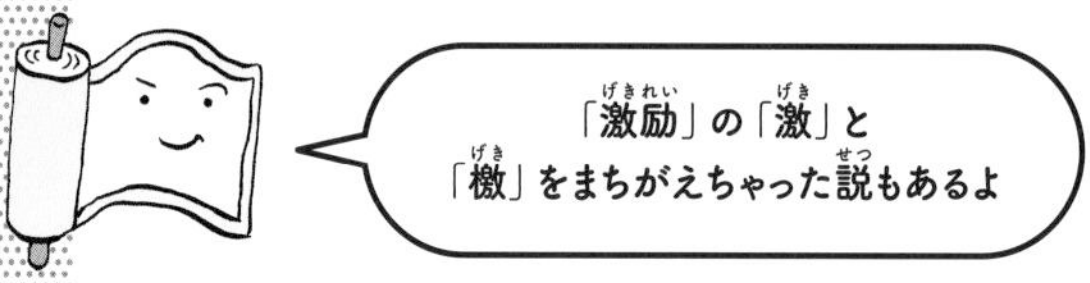
「激励《げきれい》」の「激《げき》」と
「檄《げき》」をまちがえちゃった説《せつ》もあるよ

このことばには、なんだか気合いを入れるイメージはないかな。スポーツで、コーチが選手《せんしゅ》に「そこだ、攻《せ》めろ！　いけ〜!!」って感じで、選手《せんしゅ》の気持ちをふるい立たせたり、元気づけたりするような。

ところが、本当の意味は、自分の主張《しゅちょう》や考えを知らせて、それをみとめてもらうようにすることなんだ。

たとえば、「先生がぼくたちに、勉強と同じくらい遊びも重要《じゅうよう》です、と檄《げき》を飛《と》ばした」のように使うんだ。

そもそも「檄《げき》」とは、昔の中国で使われた木板に書かれた文書のことで、人に考えを呼《よ》びかけたりするのに使われたものなんだ。

他山《たざん》の石

おれはやらないよう
気をつけよう

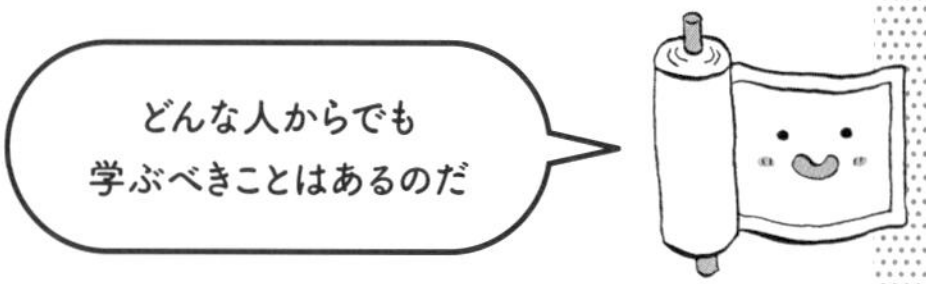
どんな人からでも
学ぶべきことはあるのだ

3000年ほど前に中国でまとめられたとされる詩集『詩《し》経《きょう》』には、「ほかの山でとれたありふれた石でも、宝石《ほうせき》をみがく石には使える」という意味のことばがある。

これが「他山《たざん》の石」という故事成《こじせい》語《ご》の由来だ。ここから、他人のまちがえた言葉や行動も、自分をみがくのに役立ち、他人の失敗《しっぱい》にも学ぶことが多い、という意味になったんだ。

ところが、ことばの意味を、他人のいい行いは自分の手本になる、とまちがえてしまう人もいる。

もし、礼儀《れいぎ》正しい先生に「先生の礼儀作法《れいぎさほう》は他山の石です」とかいうと、先生、ショックを受けちゃうぞ！

＼ひと休みコラム／

世界のことわざ⑤

イタリアのことわざ

ローマは一日にしてならず

今から2700年以上《いじょう》前にできた「ローマ帝国《ていこく》」はその後、数百年をかけて大きな国になったんだ。ということから、「大きなことをなしとげるためには、長い時間と努《ど》力《りょく》が必要《ひつよう》」のたとえだ。

ここまで大変だった

フランスのことわざ

火中《かちゅう》の栗《くり》を拾う

猿《さる》におだてられた猫《ねこ》が、火の中を栗《くり》を拾わされ、やけどをする話が元。ここから、「おだてられて他人の利益《りえき》にしかならない危《あぶ》ないことをさせられる」たとえに。ちなみに日本では「他人のために危険《きけん》とわかっていても挑戦《ちょうせん》する」という意味でつかわれることも。

あっつ!

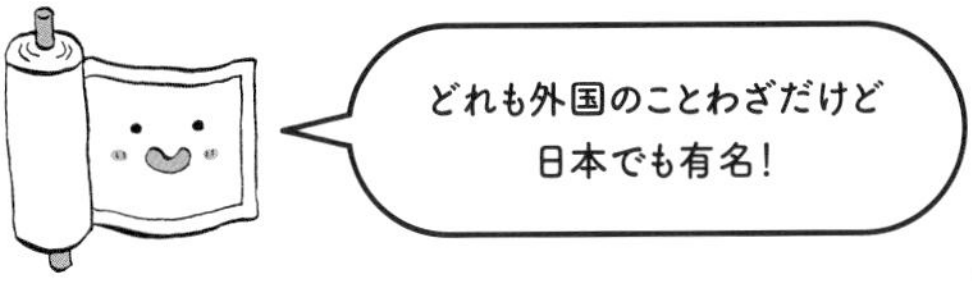
どれも外国のことわざだけど
日本でも有名!

イギリスのことわざ

ペンは剣《けん》より強し

剣《けん》を使った武力《ぶりょく》で問題を解決《かいけつ》するのではなく、言葉や知識《ちしき》を使って、物事を考えぬくことで、問題を解決《かいけつ》できるということわざ。戦争《せんそう》を起こさないで、平和的《へいわてき》な解決《かいけつ》だってできるよという、大切な考え方だね。

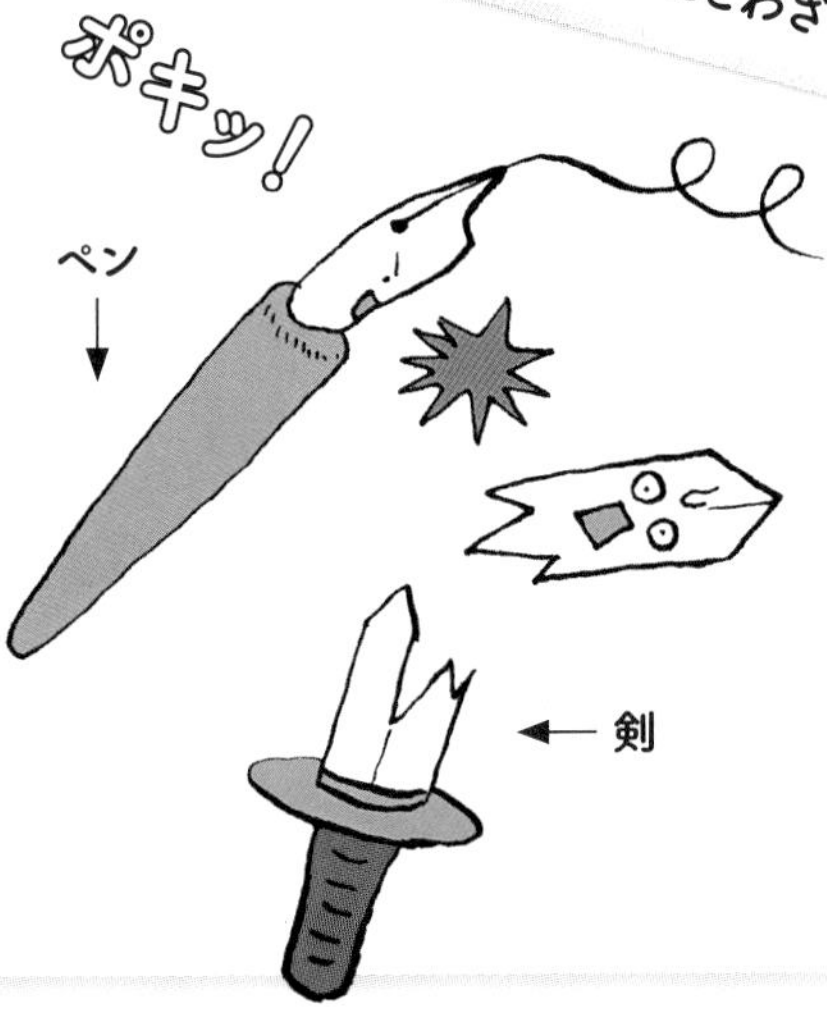
ポキッ!
ペン
剣

アイスランドのことわざ

必要《ひつよう》は発明の母

とても不便《ふべん》なことがあって、その不便《ふべん》を解決《かいけつ》する必要《ひつよう》にせまられたとき、グッドアイデアな発明が生まれるってことわざだ。つまり、発明を生み出すには、必要《ひつよう》だという気持ちが大事ってこと。

木の実用のハサミにカゴをつけよう!

「ありの入るすき間もない」じゃなくて「ありのはい出るすき間もない」

すごい細かいすき間を
表すことばとして
昔から使われてきたよ
出れない……

ここからは、ことばそのものを言いまちがいしがちなものを、みてみよう。

　まずは刑事《けいじ》ドラマなどで、わりとよく聞く「ありのはい出るすき間もない」ってことば。

　これは、小さなあり1ぴきすらも、はって出ていくすき間もないほど厳《げん》重《じゅう》、って意味。犯罪者《はんざいしゃ》を逃《にが》さないほど、警戒《けいかい》しまくっているような状況《じょうきょう》のたとえだよ。

　よく「ありの入るすき間もない」って言っちゃうけど、ことばで使われるうちに「はい出る」より言いやすくてわかりやすい「入る」に置《お》きかわっていっちゃったのかもね。

「怒《いか》り心頭《しんとう》に達《たっ》する」じゃなくて「怒《いか》り心頭《しんとう》に発する」

ムキーーッ！
「怒《いか》り心頭《しんとう》」だけでも使えるから、あえて「発する」をつけずに……

「心《しん》頭《とう》」とは、心の中のことだ。そこで発した怒《いか》りの気持ちがわき上がっていることを表す。

つまり、めちゃめちゃ怒《おこ》っているって意味のことわざだ。

これ、「怒《いか》り心頭《しんとう》に達《たっ》する」とまちがえがち。「心頭《しんとう》」を、頭の上を表す語だと思っちゃったのかも？ それなら、わき上がった怒《いか》りが、頭のてっぺんに〝達《たっ》した〟って気がしちゃうもんね。

ほかにも、怒《いか》りが心や頭のすみずみまでしみこんでいくようなイメージから、「怒《いか》り浸透《しんとう》」と字をまちがえちゃうことも。

「息の音《ね》を止める」じゃなくて「息の根《ね》を止める」

やられた……

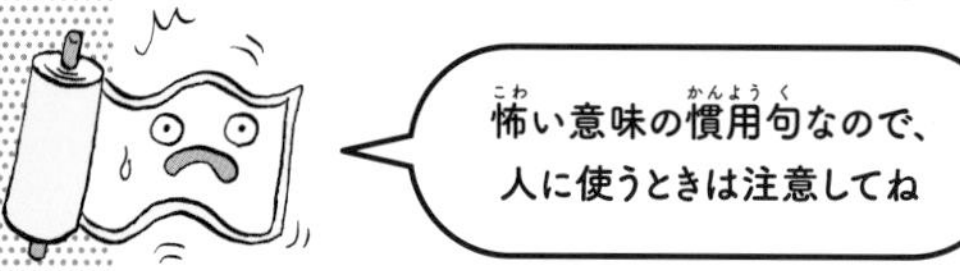
怖《こわ》い意味の慣用句《かんようく》なので、
人に使うときは注意してね

「息」の"ね"の漢字を「音《ね》」か「根《ね》」と迷《まよ》ったら、「息＝呼《こ》吸《きゅう》」の「"ね"＝根源《こんげん》」をイメージしよう。そう、息の根源《こんげん》だから、使うのは「音」ではなく、「根」だ。

そして、「息の根《ね》」とは呼吸《こきゅう》の源《みなもと》なわけだから、「命」。つまり、相手の命を完全《かんぜん》に停止《ていし》させて、活動できないようにするという意味になる。

殺《ころ》さなくても、相手を動けなくする、とか、立ち直れないくらいに打ち負かすこともふくまれているよ。

このことばは「力の羽音がぷ〜んとうるさいし刺《さ》されてかゆいしで、イライラ！　殺虫剤《さっちゅうざい》で息の根を止めてやる」という感じで使おう。

「孫《まご》にも衣装《いしょう》」じゃなくて「馬子《まご》にも衣装《いしょう》」

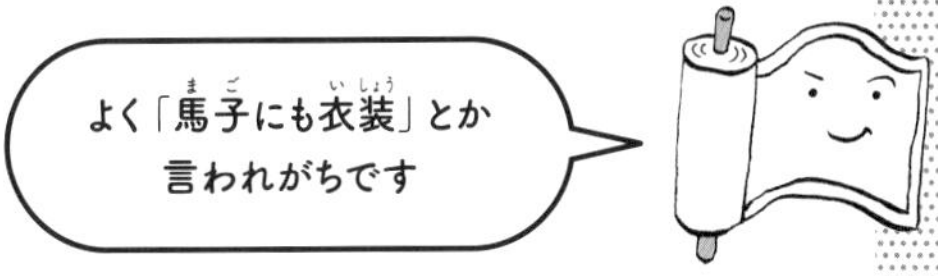

「どんな人でも、身なりを整えればそれなりに立派《りっぱ》に見える」という意味のことわざ。

じゃあ、「どんな人」ってどんな人かといえば、それは「馬子《まご》」。昔、馬に荷物や人を乗せて運ぶ仕事をしていた人のこと。身分が低《ひく》かったので、服は粗末《そまつ》なものを着ていた。

そんな人でも、羽織《はおり》はかまを着れば、見栄《みば》えよくなるという意味で、このことばが生まれたんだよ。

なお、「馬子《まご》」とまちがえやすいのが「孫《まご》」。祖父母《そふぼ》は孫《まご》がどんな服を着ていてもかわいくてたまらないだろうから、こんな意味のことばにはならないんじゃないかな。

「郷《ごう》に行《い》っては郷《ごう》に従《したが》え」じゃなくて「郷《ごう》に入《い》っては郷《ごう》に従《したが》え」

あ、どうも
社会や人とのつき合い方の基本《きほん》を教えてくれていることばだね

「郷《ごう》」とは、土地のこと。「郷《ごう》に入《い》っては郷《ごう》に従《したが》え」は「くらしや習慣《しゅうかん》、しきたりは、その土地ごとにちがうから、そこのやり方にしたがおう」って意味のことわざだ。

そんな意味を知れば、「郷《ごう》」に「行く」でなくて「入る」とわかるよね。

また、このことばの「郷《ごう》」は土地という意味以外《いがい》にも、「学校」とか「部活」「会社」なんて、いろんな集団《しゅうだん》にも当てはめて使われるよ。

つまり、知らない土地、知らない集まりなどに新たに入ることになったら、これまでのルールをやり通すのではなく、そこのルールにしたがうのがいいよってことだ。

「東大《とうだい》下《もと》暗《くら》し」じゃなくて「灯台《とうだい》下《もと》暗《くら》し」

お父さんのメガネ
しらない？
えっ
身近なところにも注意をはらわないと！

「灯《とう》台《だい》」か「東大（東京大学）」か？どっちかわからなくなったときは、ことわざの意味を考えるんだ。

これは「身近なものごとほど、意外と気づきにくい」といった意味。

そこで、「灯《とう》台《だい》」が何なのかと考えると、昔、照明《しょうめい》に使った、ろうそくなどの火を灯《とも》す台のこと。火のまわりは明るいけど、その真下は光が当たらず暗く、見えづらい。

というわけで、答えは「東大」じゃなく「灯台《とうだい》」とわかるのだ。

ちなみに、船の安全のために海を照《て》らす灯台《とうだい》も、照明器具《しょうめいきぐ》の灯台《とうだい》と同じく下のほうは暗い。でも、ことわざの灯台《とうだい》はこっちの灯台《とうだい》じゃないよ。

\ひと休みコラム/

4章の 反対の意味のことば

p106

「情《なさ》けは人のためならず」の反対で

「情《なさ》けが仇《あだ》」

「仇《あだ》」は害《がい》や不利益《ふりえき》になること。人への同情《どうじょう》や思いやりからしたことが、むしろよくない結果《けっか》をまねいちゃうようなことをいう。

お父さんが勉強をおしえたせいでゴメンネ

p107

「流れにさおさす」の反対で

「茨《いばら》の道」

ばらのようにとげのある背《せ》の低《ひく》い植物をまとめて「茨《いばら》」という。とげとげした植物だらけの道は、スムーズに歩けないよね。だから、「困難《こんなん》、苦難《くなん》だらけの状況《じょうきょう》」をさすことばってわけ。

進みづらい……

p121

ぷっ

「馬子《まご》にも衣装《いしょう》」の反対で

「衣《ころも》ばかりで和尚《おしょう》はできぬ」

立派《りっぱ》な僧侶《そうりょ》のかっこうをしていても、仏《ほとけ》のような心がなければダメでしょ。というわけで、「形だけつくろっても、中身がともなっていなければ役に立たない」ってことばだ。

5章 しってる？ ことわざクイズ

Chapter

5

ことわざにまつわる
クイズに楽しく
挑戦《ちょうせん》しよう！

次の□にはどんな動物が入るかな？

いろんな動物（生き物）が使われていることばを集めたよ。□には、どんな動物が入るかわかる？

1

お年玉
もらったら
買おう……

とらぬ□の皮算用《かわざんよう》

【意味】まだ手に入るかどうかもわからないのに、あれこれと先の計画を立てること。

2

よっ、国語の天才！！
よ〜し
100点
めざすぜ！

□もおだてりゃ
木にのぼる

【意味】できない人でも、ほめたら能力《のうりょく》以上のはたらきをしてしまうことのたとえ。

答え ①たぬき ②ぶた

③
目玉焼きには塩!

□のひと声

【意味】いろんな意見が出て話がまとまらないなか、力のある人や年上の人の決定打《けっていだ》になるようなひとこと。

④
けろり
宿題しろーっ

□のつらに水

【意味】どんなことをされても平気なこと。「つら」とは顔のことだよ。

⑤
うっそー
今年で14歳《さい》で～す

□を読む

【意味】自分につごうよく、年齢《ねんれい》や物の数などをごまかすこと。□には、魚が入るよ。

④の動物は、顔に水をかけても「ケロッ」としている

答え ③つる ④かえる ⑤さば

次の□にはどんな植物が入るかな？

いろんな植物が使われていることばを集めたよ。□には、どんな植物が入るかわかる？

1

あせらない
あせらない
ま、まだ
ジョギング
しはじめて
三日目だし

ももくり三年□八年

【意味】何かをなしとげるまでには、それなりの時間がかかるということ。

2

うん うん
そうよね
50

うりのつるに□はならぬ

【意味】うりのつるから□ができないように、へいぼんな親からすぐれた子は生まれないことのたとえ。

答え ①かき ②なす

3

そこでサイフとられました
わたしも！
ぼくも！

雨《う》後《ご》の□

【意味】雨が降《ふ》ったあと、□が続々《ぞくぞく》とはえるように、同じような物事がつぎつぎと続《つづ》くようす。

4

ぼく
52点！
わたし
51点

□の背比《せいくら》べ

【意味】□は大きさも形もほぼ同じで差《さ》がない。ということで、似《に》たり寄《よ》ったりのたとえ。

5

このぬいぐるみ
カワイイ！

□食う虫も好《す》きずき

【意味】からくて苦い□を食べる虫がいるように、人の好《この》みはいろいろあるというたとえ。

⑤の植物は、刺身《さしみ》のつまなどに使われるよ

答え ③たけのこ ④どんぐり ⑤たで

次の□にはどんな体の部分が入るかな？

いろんな体の部分が使われていることばを集めたよ。□には、どんな体の部分が入るかわかる？

1

かべに□あり 障子《しょうじ》に目あり

【意味】だれがどこで聞いているかわからないので、秘密《ひみつ》やないしょの話はもれやすいこと。

2

□のあかをせんじて飲む

【意味】すぐれた人、成功《せいこう》している人に、少しでもあやかりたいと思うこと。

答え ①耳 ②つめ

3

ばかばかしい
ゆうれいが出た！

□で茶をわかす

【意味】とてもおかしくてたまらないことや、ばかげたことを、あざけりをこめていうことば。

4

料理とくい！

□に覚《おぼ》えがある

【意味】自分の実力や特技《とくぎ》に自信《じしん》があること。□は技術《ぎじゅつ》や能力《のうりょく》のことで、「覚《おぼ》え」はそれを習得《しゅうとく》していること。

5

また
やってしまった…

□をよごす

【意味】好《この》ましくないことや、やっかいなことを自分で行うこと。

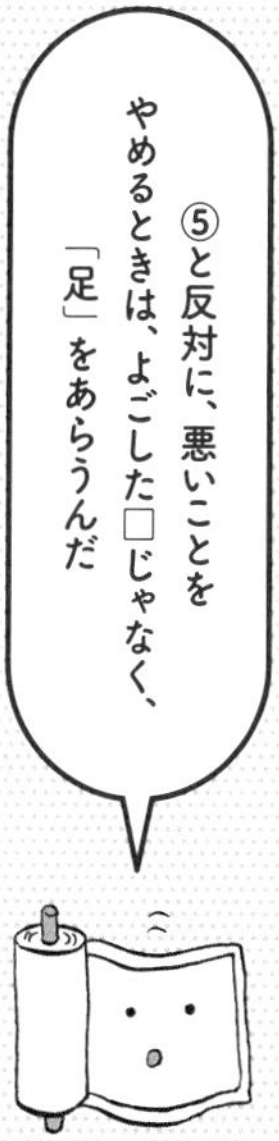
⑤と反対に、悪いことを
やめるときは、よごした□じゃなく、
「足」をあらうんだ

答え ③へそ ④腕 ⑤手

次の□にはどんな数字が入るかな？

いろんな数字が使われていることばを集めたよ。□には、どんな数字が入るかわかる？

1

かわいがってた部下が
うらぎりやがった……！

かわいさあまって にくさ□倍

【意味】すごく「かわいい」と思った分、それが「にくい」気持ちに変《か》わると、すごくにくくなってしまうこと。

2

ひそひそ
でさー
1日
78日

人のうわさも□日

【意味】人がうわさ話をするのは、ほんの少しの期間にすぎず、話題にもならなくなるもの。

答え ①百 ②七十五

3

きもちいい

早起きは□文《もん》の徳《とく》

【意味】朝早く起きれば、ちょっとしたいいことがあるというたとえ。「文」はむかしの、少額《しょうがく》のお金の単位《たんい》だ。

4

一姫《ひめ》□太郎《たろう》

【意味】「姫《ひめ》」は女の子、「太《た》郎《ろう》」は男の子のこと。最初《さいしょ》に女の子、つぎに男の子をさずかるのが理想的《てき》ということば。

5

ごちそうさま!
食べすぎた……

腹《はら》□分目に医者いらず

【意味】腹《はら》いっぱいになるまで食べないで、食べる量《りょう》をそこそこおさえれば健康《けんこう》によいということば。

②に入る日数は
2〜3か月くらいのイメージだ

答え ③三 ④二 ⑤八

次の家族についてのことばの□には、何が入るかな？

親子、夫婦《ふうふ》など、家族についてのことばを集めたよ。□には、どんなことばが入るかわかる？

1

□げんかは
犬も食わぬ

【意味】□のけんかはたいてい、犬もそっぽを向くほどつまらないことが原因《げんいん》。放っておけばよい。

2

はえば□、
□ば歩めの親心

【意味】子どもの成長《せいちょう》を楽しみにする親心を表すことわざ。ハイハイの次で、歩く前は何ができるようになる？

答え ①夫婦 ②立て

3

ピカーッ!

□の光《ななひかり》は七光

【意味】□の地位《ちい》や名声が高いと、子は才能《さいのう》や能力《のうりょく》がなくてもその恩恵《おんけい》を受けられるという意味。

4

ゴミひろわないと

親の□を見て子は育つ

【意味】子は、親がするいいことも悪いことも自然《しぜん》に身につけてしまうので、気をつけようということば。

5

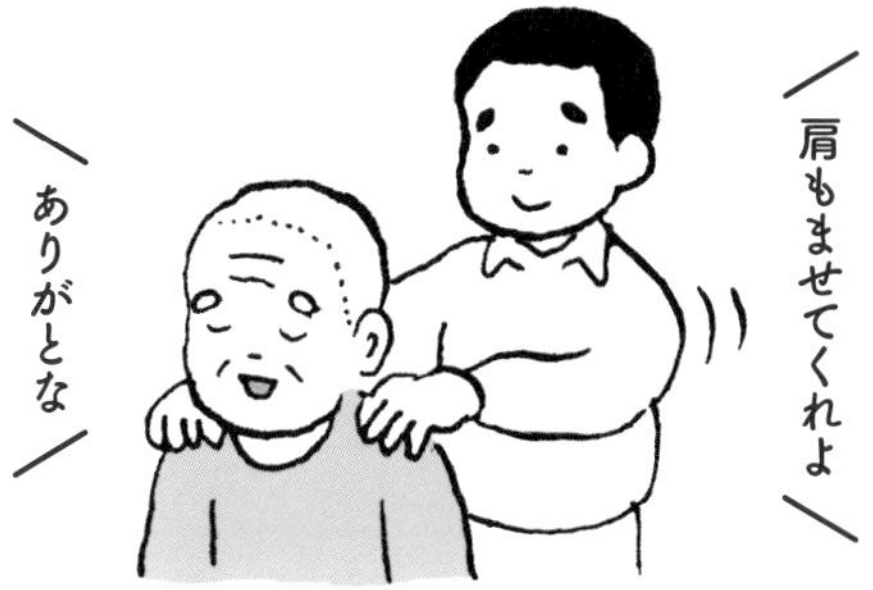
肩もませてくれよ
ありがとな

孝行《こうこう》のしたい時分《じぶん》に親は□

【意味】親孝行《こうこう》をしたいと思ったとき、親はもういないかも。後悔《こうかい》する前に親孝行《こうこう》しよう。

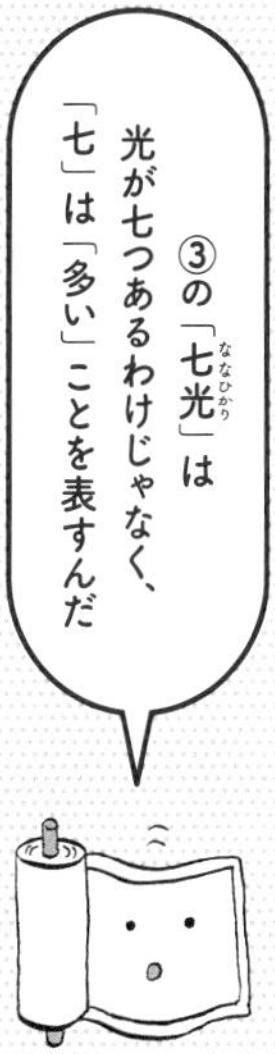
③の「七光《ななひかり》」は光が七つあるわけじゃなく、「七」は「多い」ことを表すんだ

答え ③親 ④背 ⑤なし

次の季節《きせつ》についてのことばの□には、何が入るかな？

春夏秋冬の季節《きせつ》にまつわることばを集めたよ。□には、どんなことばが入るかわかる？

1

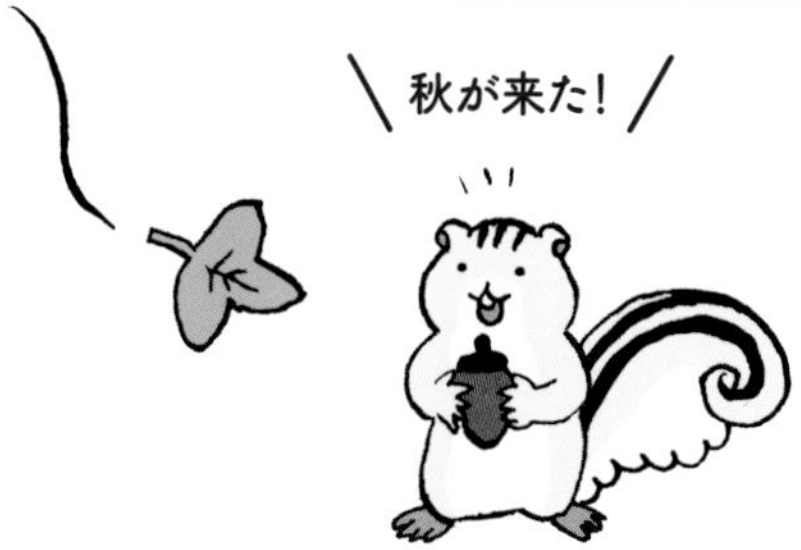
秋が来た！

一□落ちて天下の秋を知る

【意味】青桐《あおぎり》の葉は、秋になるとほかの木よりも早く落ちることから、秋のおとずれを知るということば。

2

もう12月!!
食べないと

冬至《とうじ》かぼちゃに□をとらせるな

【意味】かぼちゃは夏から秋に収穫《しゅうかく》するもの。12月の冬至《とうじ》をすぎるといたむので、年内に食べきろうという教え。

答え ①葉 ②年

3

すっからかん
つっ

夏□者は冬泣《な》く

【意味】夏に遊びほうけていると、冬にたくわえがなく、生活に困《こま》る。働《はたら》けるときに働《はたら》こうということば。

4

いつか幸せに……

冬来たりなば□遠からじ

【意味】今はつらい状況《じょうきょう》にあっても、じっとたえていれば、やがて幸せがめぐってくること。

5

だれか手伝って～

節季《せっき》□はねこの手も借《か》りたい

【意味】お盆《ぼん》や年末《ねんまつ》の月はいそがしすぎるので、だれでもいいから手伝《てつだ》ってほしいということ。

③はまるで童話の「アリとキリギリス」みたいだね

答え ③歌う ④春 ⑤師走

ことばの意味を表す絵はどれかな？

右の①～④の鬼《おに》がつくことばの意味を表している絵を、左のA～Dから選《えら》んで、正しく●と●を線でつなごう。

1

● 鬼《おに》のいぬ間に洗濯《せんたく》

2

● 来年のことを言えば鬼《おに》が笑《わら》う

3

● 渡《わた》る世間に鬼《おに》はない

4

● 鬼《おに》のかく乱《らん》

鬼《おに》がつくことばは多いね

A

2本あるから
かしますよ

B

ママが帰るまで
ゲームしまくろっ

C

入学するまえに
心配しなくても
わたし
中学校の勉強
わかるかな

D

いつも
元気なのに
う〜
う〜ん

答え　①→B　②→C　③→A　④→D

ことばの意味を表す絵はどれかな？

右の①～④の火がつくことばの意味を表している絵を、左のA～Dから選《えら》んで、正しく●と●を線でつなごう。

1

● 火のないところに煙《けむり》は立たぬ

2

● 火事場《かじば》のばか力

3

● 顔から火が出る

4

● 焼《や》けぼっくいに火がつく

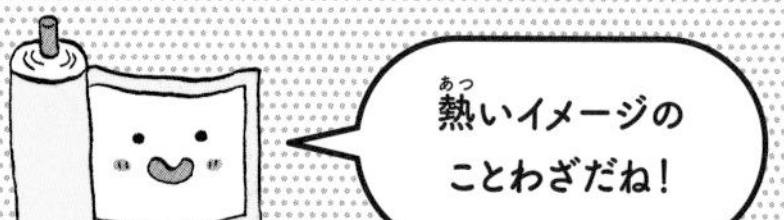

A

B

C

D

答え ①→C ②→D ③→B ④→A

＼ひと休みコラム／

5章の 反対の意味のことば

p128

「うりのつるになすはならぬ」の反対で

「とびがたかを生む」

りっぱになって……
東大に合格《ごうかく》したよ！

　どこにでもいるような鳥のとびが、気高く力強い鳥のたかを生むようなたとえ。つまり、「ふつうの親からすぐれた子が生まれた」という意味だ。

p132

「かわいさあまってにくさ百倍」の反対で

「にくいにくいはかわいいの裏《うら》」

わかるけどきらわれるぜ……
すきな子にイジワルしちゃうんだ

　すきな子に、ついいじわるしちゃうことないかな？　これはそんな気持ちの表現《ひょうげん》で、「口ではにくいと言うけど、心の中ではかわいいと思っている」ような、びみょうな愛情《あいじょう》を表しているんだ。

p138

だまされないゾ！

「渡《わた》る世間に鬼《おに》はない」の反対で

「人を見たらどろぼうと思え」

　人をとりあえず、どろぼうだと疑《うたが》えって言っているのだから、「最初《さいしょ》は他人をすぐには信用《しんよう》するな」って意味。用心にこしたことはないってことだね。

参考文献

●『これだけは知っておきたい ことわざの大常識』（江口尚純・監修／ポプラ社・刊）
●『わらえる!! やくだつ?? ことわざ大全集』（ながたみかこ・作／ポプラ社・刊）
●『めざせ！ ことば名人 使い方90連発！ 1 ことわざ』（森山卓郎・監修／ポプラ社・刊）
●『国語であそぼう！ 1 ことわざ』（佐々木瑞枝・監修 斉藤道子・文／ポプラ社・刊）
●『新明解 故事ことわざ辞典 第二版』（三省堂編修所・編／三省堂・刊）
●『小学生のまんがことわざ事典 改訂版』（金田一春彦 金田一秀穂・監修／学研プラス・刊）
●『オールカラーマンガで身につく！ ことわざ辞典』（青山由紀・監修／ナツメ社・刊）
●『完全版ことわざ四字熟語慣用句大辞典１１２０』（青木伸生 笹原宏之・監修／西東社・刊）
●『12歳までに知っておきたいことわざ』１～４（桂聖・監修／理論社・刊）
●『国語であそぼう！ １ ことわざ』（佐々木瑞枝・監修 斉藤道子・文／ポプラ社・刊）
●『ことわざ生活』あっち篇 こっち篇（あいかわしゅうご・文／草思社・刊）
●『３２０のことわざで世界が見渡せる ふしぎな世界のことわざ図鑑』（北村孝一・著 ことわざ学会・協力／ＫＡＤＯＫＡＷＡ・刊）
●『ものの見方が変わる！ 世界のことわざ』（時田昌瑞・監修／ナツメ社・刊）

監修／**金田一秀穂**　きんだいち ひでほ

1953年、東京生まれ。上智大学文学部心理学科卒、東京外国語大学大学院修了。中国大連外語学院、米イェール大学、コロンビア大学などで日本語を教える。1994年、ハーバード大学客員研究員を経て、現在は杏林大学名誉教授、山梨県立図書館の館長を務める。日本語学の権威である祖父・金田一京助氏、父・春彦氏に続く、日本語研究の第一人者。おもな著書・監修書に、『学研現代新国語辞典　改訂第六版（編書）』『新レインボー小学国語辞典』（学習研究社）、『金田一秀穂の心地よい日本語』（KADOKAWA）、『日本語のへそ』（青春出版社）、『15歳の寺子屋　15歳の日本語上達法』（講談社）、『あなたの日本語だいじょうぶ?』（暮しの手帖社）、『しってる?しらない?　漢字びっくり事典』（ポプラ社）など。

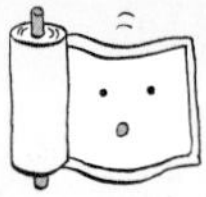

わらえる!? つかえる!!

ことわざ びっくり事典

発行　2024年5月　第1刷

文　こざきゆう
絵　伊藤ハムスター
発行者　加藤裕樹
編集　田中絵里
発行所　株式会社ポプラ社
〒141-8210
東京都品川区西五反田3-5-8
JR目黒MARCビル12階
ホームページ www.poplar.co.jp
印刷・製本　中央精版印刷株式会社
デザイン　尾崎行欧　安井彩
宗藤朱音　及川珠貴
（尾崎行欧デザイン事務所）

ISBN978-4-591-18171-3　N.D.C.814　143p　19cm　Printed in Japan

P6047003